경성대학교
한국한자연구소 한자학 교양총서 08

일본의 문자 세계

이 저서는 2018년 대한민국 교육부와 한국연구재단의 지원을 받아 수행된 연구임
(NRF-2018S1A6A3A02043693)

경성대학교 한국한자연구소 한자학 교양총서 08

일본의
문자 세계

홍성준 최승은

역락

발간사

　경성대학교 한국한자연구소는 2018년 한국연구재단 인문한국플러스(HK+) 지원사업(과제명: 한자와 동아시아 문명 연구-한자로드의 소통, 동인, 도항)에 선정된 이래, 한자문화권 한자어의 미묘한 차이와 그 복잡성을 고려한 국가 간 비교 연구를 수행해 왔습니다. 이 총서는 그간의 연구 성과를 대중에게 전하고 널리 보급하는 목적으로 기획되었습니다.

　우리 연구소의 총서는 크게 연구총서와 교양총서로 나뉘어져 있습니다. 연구총서가 본 연구 아젠다 성과물을 집적한 학술 저술이라면, 교양총서는 연구 성과의 대중적 확산을 위해 기획된 시리즈물입니다. 그중에서도 이번에 발간하는 〈한자학 교양총서〉는 한자학 전공 이야기를 비전공자들도 흥미롭게 접근할 수 있도록 기획된 제1기 시민인문강좌(2022년 7월~8월, 5개 과정, 각 10강), 제2기 시민인문강좌(2022년 12월~2023년 1월, 5개 과정, 각 10강)의 내용을 기반으로 합니다. 당시 수강생들의 강의에 대한 높은 만족도와 함께 볼 만한 교재 제작에 대한 요청이 있었습니다. 실제로 한자학 하면 대학 전공자들이 전공 서적을 통해 접하는 것이 대부분이며, 대중이 쉽게 접할 수 있는 입문서는 그다지 많지 않습니다. 〈한자학 교양총서〉는 기본적으로 강의 스크립트 형식을 최대한 활용하여 전공 이야기를 쉬운 말로 풀어쓰는 데에 중점을 두었습니다. 흡사 강의를 듣는 듯 한자학에 대한 기본적인 지식을 배울 수 있는 입문서를 표방하는 이 책은, 한자학에 흥미를 가진 사람들이 한자학을 접할 수 있는 마중물과 같은 역할을 할 수 있을 것으로 기대합니다.

이번에 발간되는 시리즈는 전체 10개 과정 중 2기 강좌분에 해당하는 '중국목록과 목록학'(김호, 조성덕), '동양철학의 이해'(윤지원, 기유미), '일본의 문자 세계'(홍성준, 최승은), '디지털 동양고전학의 기초'(허철, 기유미), '한자로 읽는 동양고전-推己及人'(허철, 이선희) 5권입니다. 지난 1기 5권의 책을 통하여 한자학의 기원과 구성 원리, 음운 체계, 변천사 등 한자학 전반에 대한 이해를 높일 수 있었다면, 이번에 발간되는 5권의 시리즈는 동아시아의 언어, 문화, 사상, 그리고 연구 방법론까지 포괄합니다. 각 권은 한자를 둘러싼 다양한 학문에 대한 이해를 독자에게 제공할 수 있을 것입니다.

앞으로도 우리 연구소는 연구 과제를 수행하면서 축적된 연구 성과를 학계뿐만 아니라 대중의 지적 호기심을 충족시킬 수 있는 방법을 다각적으로 모색해 나아갈 것입니다. 본 사업단 인문강좌에 강의자로 참여해주시고, 오랜 퇴고 기간을 거쳐 본 〈한자학 교양총서〉에 기꺼이 원고를 제공해 주신 여러 교수님들께 감사드리고, 이 책이 발간되기까지 조언을 아끼지 않으신 사업단 교수님들, 그리고 역락 박태훈 이사님께도 감사의 말씀을 드립니다.

2024년 4월

경성대학교 한국한자연구소

소장 하영삼

서문

    일본에 대한 관심이 나날이 고조되고 있습니다. 일식집이나 일본식 주점에는 손님이 끊이질 않고, 일본의 애니메이션과 게임을 즐기는 사람도 아주 많습니다. 이렇듯 다양한 일본 문화를 가까이에서 즐기면서 많은 사람들이 일본의 언어인 일본어에 대해서도 관심을 가지게 되었습니다. 제가 일하고 있는 단국대학교에서도 일본어를 전공으로 하지 않는 학생들의 일본어에 대한 관심이 무척 크다는 것을 수업을 통해 항상 느끼고 있습니다. 아마도 일본 문화를 즐기다 보니 자연스럽게 일본어를 배워 보려는 마음을 가지게 되었고, 이렇게 관심을 가지게 되니 궁금한 점도 하나둘 늘어가게 된 것이겠지요.

    일본어를 공부하다 보면 많은 사람들이 다음과 같은 두 가지 궁금증을 갖게 됩니다. 첫째는 일본어의 문자인 히라가나와 가타카나는 언제 누가 만들었는가, 둘째는 일본어에서 한자는 어떻게 사용되는가입니다. 우리의 한글은 세종대왕이 1443년에 창제하였고 1446년에 반포되었습니다. 이처럼 우리의 문자는 누가 언제 만들었는지 명확하기 때문에 일본의 문자에 대해서도 이런 의문을 가지는 건 당연합니다. 또한 우리는 한자를 이제 거의 사용하지 않게 되었지만 일본에서는 아직까지도 한자를 많이 사용하고 있습니다. 그래서 한자를 어떻게 사용하고 있으며 그들의 문자가 있는데 왜 한자를 계속 사용하는지 궁금증이 생기는 것도 어찌 보면 당연합니다.

대학에서 교양 수업을 하다 보면 위 두 가지 질문을 비롯하여 일본어에 관한 다양한 질문을 받게 되는데, 저는 일본과 직접적인 관련이 없는 전공 분야의 학생들이 관심을 가지고 질문을 한다는 것 자체만으로도 너무나 기쁩니다. 저의 답변이 그 학생들에게 조금이라도 도움이 되고 있다면 그보다 더 보람찬 일은 없겠다는 생각에 매번 즐거운 마음으로 대학 수업을 진행하고 있습니다.

그런 가운데 경성대학교 한국한자연구소에서 저에게 뜻깊은 강의를 제안해 주셨습니다. 바로 일본어와 한자를 주제로 하는 시민인문강좌를 맡아달라는 것이었습니다. 저는 평소 관심을 가지고 있던 분야를 충분히 살려 유의미한 강의를 구성할 수 있다는 점에 매료되어 기꺼이 수락하고 나름대로 열심히 강의를 준비했습니다. 이렇게 〈일본의 문자 세계〉라는 강좌가 탄생했습니다.

〈일본의 문자 세계〉에서는 '일본어'가 어떠한 언어이며 어떠한 구조적인 특징을 갖고 있는지를 '한자'를 통해 알기 쉽게 살펴보았습니다. 본 강의의 내용을 간략하게 요약하면 다음과 같습니다.

제1장 '일본어의 구조와 문자 체계'에서는 일본어의 고유 문자인 히라가나와 가타카나, 외래 문자인 한자를 개괄적으로 설명하고 일본어의 표기상의 특징을 살펴보았습니다. 제2장 '일본어와 한자'에서는 일본에서 한자가 어떻게 수용되었고 어떻게 사용되어 왔는지를 일본어의 언어적인 특징과 함께 고찰하였습니다. 제3장 '일본어 문자의 형성(1) - 히라가나'에서는 히라가나의 형성과 쓰임, 제4장 '일본어 문자의 형성(2) - 가타카나'에서는 가타카나의 형성과 쓰임을 각각 살펴보았습니다. 제5장 '일본의 한자(1) - 상용한자(常用漢字)와 이체자(異体字)'에서는 일본의 상용한자가 현재까지 어떤 과정을 거치며 정립되었는지, 이체자는 어떻게 형성되고 사용되고 있는지를 설명하였습니다. 제6장 '일본의 한자(2) - 국자(国字)'에서는 일본에서 국자가 만들어지는 원리와 국자의 다양한 사례를 하나씩 살펴보았습니다. 제7장 '일본의 한자(3) - 화제한어(和製漢語)'에서는 한어가 구성되는 유형 및 대표적인 번역어를 소개하였습니다. 제8장 '현대 일본 사회와 한자 문화'에서는 일본어에서 한자 사용이 지닌 중요성을 강조하고 현대 사회가 지닌 한자 교육의 현황과 문제점을 고찰하였습니다.

이번 시민인문강좌를 준비하면서 많은 공부를 할 수 있었고 또 많은 시사점을 얻을 수 있었습니다. 앞으로 일본 문학과 일본 문화에 관한 연구를 지속하는 데 있어 소중한 초석을 다질 수 있는 기회가 되었습니다. 일본 문화와 일본어에 흥미를 가지고 있는 많은 분들에게도 이 책이 도움이 될 수 있기를 진심으로 바랍니다.

　끝으로 이번 시민인문강좌를 기획해 주신 경성대학교 한국한자연구소와 동 연구소의 최승은 교수께 감사의 말씀을 전합니다. 그리고 번거로운 편집과 교정 작업을 해주신 역락출판사분들께도 감사드립니다.

2024년 3월

홍성준

차례

제1장

일본어의 구조와
문자 체계

일본어는 일본 열도에 거주하는 1억 2천만 명 이상의 사람들이 주로 사용하는 언어입니다. 세계에서 사용되는 언어 순위를 보면 일본어는 13위에 해당합니다.[1] 이 조사에 따르면 한국어는 20위에 위치를 하고 있으며, 한국어와 일본어는 세계 언어 중에서 꽤 상위권에 자리 잡고 있습니다. 또 한국어와 일본어의 공통된 특징 중 하나는 단일 민족이 사용하는 언어라는 점입니다. 일본어는 일본 사람들이 사용하고 한국어는 한국 사람들이 사용하는 언어로 둘 다 명확한 단일 민족 언어가 아닌가 생각합니다.

일본어의 문자 구성

일본어의 문자 구성을 보면, 일본어는 고유의 문자와 외래 문자로 구성이 되어 있습니다. 먼저 일본의 고유의 문자라고 하면 히라가나(ひらがな)와 가타카나(カタカナ)를 들 수가 있습니다. 각각 어떻게 사용되는지는 뒤에서 살펴보겠지만, 요약해서 말하면 히

---

1   Top 40 most spoken languages in the world 2022
     https://www.edudwar.com/list-of-most-spoken-languages-in-the-world/

라가나는 일반 표기에 사용하는 것이고, 가타카나는 외래어나 의성어 등을 표기할 때 주로 사용합니다. 그래서 일반적으로 우리가 일본어라고 하면 히라가나를 떠올리게 되고, 일본어를 공부할 때 우리는 처음에 모두 히라가나를 열심히 외웁니다. 그런데 히라가나를 모두 외운 다음에 가타카나가 기다리고 있습니다. 이 가타카나 역시 오십음도(五十音図)에 맞춰서 열심히 외우는데, 이 과정에서 많은 학생들이 포기하는 경향이 있습니다. 그만큼 히라가나와 가타카나라는 것이 일본어를 처음 공부하는 학생들에게 있어서는 상당히 높은 진입 장벽으로 여겨집니다. 동일한 발음을 가진 문자가 두 개씩 존재하고 있다는 것이 일본어를 처음 공부하는 사람의 입장에서는 큰 어려움으로 다가오는 것입니다. 이러한 히라가나와 가타카나의 쓰임이 서로 다르다고 하는 것이 일본어의 특징 중 하나로 볼 수 있습니다.

그리고 외래 문자 중 하나인 한자도 일본에서 사용되는 주요 문자입니다. 일본어에는 히라가나와 가타카나, 그리고 한자 이렇게 세 가지 문자가 동시에 공존한다고 할 수 있습니다.

문자 언어의 유형

문자 언어의 유형은 크게 표음 문자와 표의 문자로 구분됩니다. 표음 문자는 소리를 기호로 나타낸 문자이고, 표의 문자는 하나하나가 독립적인 의미를 가지는 문자입니다.

표음 문자는 크게 두 가지 유형으로 구분됩니다. 첫 번째 유형은 '단음 문자'입니다. 단음 문자는 각각의 글자가 하나의 단음(음소)을 나타내며, 이러한 단음이 자음과 모음의 결합으로 이루어진 문자입니다. 한국어는 단음 문자이고, 알파벳도 자음과 모음의 결합으로 인해 소리를 나타내기 때문에 이에 속합니다.

표음 문자 중 두 번째는 '음절 문자'입니다. 이는 한 문자가 하나의 음절을 나타내는 것을 말합니다. 그래서 이것은 자음과 모음의 결합이 아니라 하나의 문자가 하나의 음절을 나타냅니다. 대표적으로 일본어가 그렇습니다. 일본어 한 문자는 한 음절입니다.

예를 들어보겠습니다. '집'이라는 한국어를 보면, 자음과 모음 그리고 받침에도 자음이 들어있습니다. 자음, 모음, 자음이 결합되어 하나의 문자를 나타내고, 이것이 '집'이라고 하는 음을 나타내게 됩니다. 이렇게 자음과 모음이 결합하여 하나의 음을 나타내는 것이 단음 문자입니다. 일본에서는 집을 'いえ[이에]'라고 하는

데, 첫 번째는 'い[이]'라는 문자, 두 번째는 'え[에]'라는 문자입니다. 일본어는 음절 문자입니다. 그래서 한 글자에 한 음절이 나옵니다. 즉, 자음과 모음의 결합이 아니라 글자 자체가 하나의 음을 나타낸다는 뜻입니다. 우리는 자음과 모음을 분리시킬 수 있지만 일본어의 문자는 그 자체를 분리할 수 없고 문자 하나하나가 완성체입니다.

표의문자는 각 글자마다 각각의 의미가 있습니다. 한자의 경우, 한자를 보자마자 이 한자가 무엇을 의미하고 어떤 음을 대표하는지 생각하기 전에 '집'이라는 것이 한자 모양을 통해서 우리 머릿속에 들어옵니다. 이것을 표의문자라 합니다. 참고로 이집트 상형문자도 표의문자입니다. 상형문자에는 다양한 그림들이 있는데, 이 그림들은 각각 다른 의미를 가지고 있습니다. 따라서 이집트의 상형문자도 대표적인 표의문자라고 할 수 있습니다.

예를 하나만 더 들어보겠습니다. 이만, 삼만 같은 숫자에서의 '만'입니다. 마찬가지로 자음과 모음의 결합 '만'이라고 하는 한국어는 단음 문자가 되고, 일본어는 'ま[마]'라고 하는 문자와 받침을 나타내는 'ん[-ㄴ]'이라고 하는 문자 두 개가 합쳐져서 'まん[만]'이라고 발음을 하게 됩니다. 음절 문자이기 때문에 각각의 글자는 자음이나 모음으로 쪼갤 수 없으며, 하나의 글자가 하나의

음절을 나타낸다고 하는 특징이 있습니다.

일본어의 표기

일본어의 표기에 대해 설명하겠습니다. 히라가나는 일반 표기에 사용합니다. 간단한 예를 들자면, 일본에서 자기 자신을 가리킬 때 'わたし[와타시]'라고 합니다. 'わたし'는 히라가나로 쓰여진 3음절 단어입니다. 히라가나는 기본적인 일본어 표기법이며, 특히 보통 명사를 표기할 때에 사용합니다. 가타카나는 외래어, 의성어, 의태어를 표기합니다. 예를 들어 월드컵은 'ワールドカップ[와르도캇푸]'라고 하는데, 외래어이기 때문에 가타카나로 표기됩니다. 다음으로 '두근두근'이라는 의성어는 'ドキドキ[도키도키]'로 가타카나로 표기하며, '데굴데굴 굴러갑니다'라고 할 때 'ゴロゴロ[고로고로]'라는 의태어도 가타카나로 표기합니다. 그런데 현대 일본어에서는 의성어, 의태어, 특히 의태어를 가타카나 대신 히라가나로 표기하는 경향이 점점 늘고 있습니다. 그래서 외래어는 가타카나로 표기하는 것이 일반적이지만, 의성어나 의태어는 모두 가타카나로 표기한다고 말하기 어려우며, 히라가나로

표기하는 빈도가 점차 높아지는 추세라고 할 수 있습니다.

한자는 일본어 문장 안에서 명사, 형용사, 동사 등의 의미를 나타내는 부분에 사용됩니다. 앞에서 히라가나의 예시로 든 단어를 한자로 나타내면, '私'라는 한자로 'わたし[와타시]'를 표기합니다. 우리나라에서는 한자를 보통 독음으로 읽는 것이 일반적입니다. 예를 들어 '私'를 '사'로 읽는 것과 같이 말이죠. 일본어에서 '私'는 'し[시]'라고 음으로 읽을 수 있지만, 3음절인 'わたし[와타시]'라고도 읽을 수 있습니다. 이것이 일본어에서 한자가 사라지지 않는 중요한 이유 중 하나입니다. 이에 관해서는 뒤에서 자세히 언급하겠지만, 한자를 사용하지 않으면 문장이 한도 끝도 없이 길어지는 경향이 있습니다. 'わたし[와타시]'라는 세 글자를 한자 하나로 표현할 수 있어 문장이 간결하게 정리되는 효과를 발휘한다는 점에 주목해야 합니다.

그리고 일본어의 한자는 '日本'이라고 적고 'にほん[니혼]'이라고 읽을 수 있지만 'にっぽん[닛폰]'이라고도 읽을 수 있습니다. 우리는 '日本'이라는 한자를 '일본'이라고만 읽는데, 일본에서는 한자를 다양하게 읽을 수 있습니다. 여기서 'にほん[니혼]', 'にっぽん[닛폰]'이라고 했지만, 이를 'やまと[야마토]'라고 읽기도 합니다. 'やまと[야마토]'는 고대 일본의 국가명입니다. 일본을 '니혼'이라고 부르기 전에 'やまと[야마토]'라고 했는데, '日本'이라는 한자를 써놓고 이것을 'やまと[야마토]'라고 읽는 경우도 간혹 있습니다. 이렇게 일본어 한자는 다양하게 읽을 수 있습니다. 즉, 읽는 법이 하나로만 정해져 있지 않다는 것이 일본어 한자의 큰 특징 중 하나입니다.

일본어로 표기된 문장을 보면, 한자와 일본어의 문자가 같이 사용되어 있는 것을 알 수 있습니다. 그리고 또 한가지 일본어 문장의 특징이라고 하면 세로쓰기를 들 수 있습니다. 우리의 가로쓰기와는 달리 일본어는 기본적으로는 세로쓰기를 하는데, 물론 현대에는 알파벳, 아라비아 숫자를 표기할 일이 많다 보니 가로쓰기를 하는 경우도 있지만, 기본적으로 일본어는 세로쓰기를 합니다.

'私は学生です。今、「日本の文字の世界」の授業を受けています。'라는 일본어 문장을 보면, 일본의 고유의 문자와 한자가 같이 쓰여 있음을 한눈에 알아볼 수 있습니다. 그렇다면 히라가나는 어떨 때 쓰고 한자는 어떨 때 쓰는지, 나아가 어떠한 방식으로 쓰는지, 독음으로만 쓰는지, 아니면 한자로 뜻을 표기하는지 등 여러 궁금증이 생깁니다.

먼저 기본적으로 일본어에서는 명사, 동사, 형용사의 뜻을 나타내는 부분을 한자로 표기합니다. '나(私)', '학생(学生)', '일본(日

本)’, ‘문자(文字)’, ‘세계(世界)’, ‘수업(授業)’, ‘듣다(受)’ 등은 한자로 표기하고, 동사나 형용사의 어미나 조동사, 조사는 히라가나로 표기합니다.

한국어와 일본어의 표기

한국 학생들에게 일본어는 배우기 쉬운 언어입니다. 초급 수준에서 일본어가 아주 쉽게 느껴지는데 그 이유는 한국어와 일본어의 어순이 비슷하기 때문입니다. 주어, 목적어, 동사 순서가 같습니다. 반면 영어나 중국어를 공부할 때는 동사가 먼저 오고, 목적어가 뒤에 오고, 이런 식으로 어순이 달라지기 때문에 상대적으로 어렵게 느껴집니다.

일본어는 어순이 비슷해서 우리가 쉽다고 느끼는 데다가 한자와 한자어를 공유하고 있습니다. 그래서 동북아시아 한자 문명의 일원이기 때문에 우리가 한자문화권이라는 말도 사용합니다. 그래서 이해하기 쉽습니다. 특히 한자어의 경우 음이 비슷한 경우도 상당히 많습니다. 그리고 한자를 조금 공부한 사람이라면 일본어를 접했을 때 어떤 문장인지 정확한 의미가 파악되지 않더라도 문장에 사용된 한자만 살펴봐도 대강의 뜻이 유추됩니다. 따라서 한자 문명권의 일원 간에는 한자의 사용이 서로의 언어를 이해하는 데 큰 도움을 줍니다.

가시적(可視的)인 관점에서 바라 본 일본어의 특징

지금까지의 말을 종합하면, 가시적(可視的)인 관점, 다시 말해 우리가 일본어 문장을 보았을 때 눈에 들어오는 그대로의 관점으로 바라본 특징을 다음의 두 가지로 정리할 수 있습니다.

첫째, 고유 문자와 한자의 공존입니다. 그래서 일본어 문장을 보면, 한자가 지금도 사용되고 있고 한자 사이에 고유의 문자도 함께 쓰이고 있는 것을 인지할 수가 있습니다. 둘째, 띄어쓰기의 부재입니다. '나는 학생입니다.', '지금 「일본 문자의 세계」 수업을 듣고 있습니다.'와 같이 한국어에서는 띄어쓰기가 당연합니다. 하지만 일본어는 띄어쓰기를 하지 않습니다. 예외적으로 일본어를 처음 배우는 일본의 초등학교 1학년 학생들에게는 띄어쓰기를 사용해서 가르칩니다. 문장 속에서 각 단어의 의미를 구분을 짓는 훈련을 해야 하기 때문입니다.

고유 문자와 한자의 공존을 좀 더 자세히 보면, 명사와 명사 사이에 '①(~의)'라는 조사를 사용하는데 조사는 히라가나를 사용합니다. 한국어에서는 현재 한자를 사용하지 않아 기본적으로 한글 표기이며 조사는 생략할 수 있습니다. 그런데 일본어의 경우는 반드시 조사를 남겨둬야 합니다. 간혹 빼는 경우도 있겠지만 기본적으로 빼서는 안 된다고 생각하는데 그 이유가 바로 가시적인 관점에서의 띄어쓰기입니다. 우리는 띄어쓰기라는 것이 '조사가 여기에 위치해 있다'는 사실을 나타내주는 것이라고 생각하는데 일본은 띄어쓰기가 없기 때문에 명사와 명사가 붙으면 다른 단어가 된다고 생각합니다. 그렇기 때문에 '일본의 문자'라는 말을 하고 싶으면 반드시 '①(~의)'를 넣어줘야 됩니다. 그래서 일본어 작문을 할 때 '①(~의)'를 실제로 많이 넣게 됩니다. 한국어를 일본어로 바꿀 때 많이 추가합니다. 그런데 학생들이 가장 많이 틀리는 것 중 하나도 바로 '①(~의)'를 안 써서 틀리는 경우입니다.

띄어쓰기의 부재에 대해서 설명을 더 하면, 우리말에서는 띄어쓰기가 있는 경우에 띄어쓰기를 보고 의미를 구분합니다. 일본어의 경우, 물론 일본어를 잘 아는 분들은 금방 의미가 들어오겠지만, 가시적인 관점에서 보았을 때 '일본어를 잘 알지 못하는 사람이 문장의 의미를 어떻게 바로 알 수 있을까'하는 생각이 듭니다.

결론적으로 한자가 그 역할을 해줍니다. 한자가 실제로 띄어쓰기를 대신해서 사용되는 것은 절대 아니지만 문장을 우리가 눈으로 봤을 때 한자가 있음으로 해서 띄어쓰기가 없어도 의미가 바로 들어오게 됩니다. 그러니까 한자와 히라가나를 공존시킴으로 인해 우리가 띄어쓰기를 통해 의미를 확실히 하고 명확하게 구분 짓고 있는 역할을 대신한다고 볼 수 있습니다. 어디까지나 이 한자는 의미를 지닌 부분이고, 히라가나는 조사나 용언 등을 표현하는 것입니다. 그것만 머릿속에 들어 있다면 바로 의미가 들어옵니다. 그래서 일본어는 띄어쓰기가 없다고 하더라도 크게 불편함이 없는 언어가 될 수 있습니다. 한자가 띄어쓰기를 대신해서 의미 구별을 잘해주기 위한 목적으로 사용되는 것은 아니지만, 일본어 문장을 놓고 봤을 때 한자가 있음으로 인해 우리가 문장의 의미를 명확하게 파악할 수 있게 된다는 것을 말하고자 이렇게 두 가지로 정리해 보았습니다.

다음 페이지의 일본어 문장 예시를 보면, 문장이 상당히 딱딱하게 보입니다. 한자가 워낙 많아 문장을 봤을 때 이렇게 딱딱하게 느껴질 수밖에 없는데, 시각을 조금 바꾸어 보면 한자가 중간중간에 들어가 있음으로 인해 일본어를 모르는 사람도 대략적인 뜻을 알 수 있다는 장점도 있습니다. '본서(本書), 목적(目的), 곡정

마금(曲亭馬琴), 독본(読本), 작품(作品), 고찰(考察), 행(行)'만 봐도 '본서의 목적은 곡정마금이라고 하는 작가의 독본 작품에 대해서 고찰을 행한다.'라는 것을 파악할 수 있습니다. 그리고 한자를 읽을 때 보통 '본서(ほんしょ)'나 '목적(もくてき)'과 같은 것은 독음으로 읽게 되는데 일본어는 한자를 반드시 독음으로만 읽는 것이 아니라 뜻으로 읽는 경우도 있습니다. 예를 들어 '행(行)'이라는 한자를 보면 우리는 이것을 '행'이라고만 읽습니다. 의미는 크게 '가다', '행하다'의 두 가지로 파악할 수 있는데, 일본에서는 뭐라

本書の目的

本書の目的は、曲亭馬琴の読本作品について考察を行い、史伝物読本の人物がどのように造型されているか、読本の創作方法として何を挙げられるか、馬琴は勧善懲悪に関してどのような理念を持っていたのかといった問題を明らかにすることである。そのために、作中の人物や出来事などに文献上の根拠があるということを必ず示す態度、倫理的整合性に適った勧善懲悪を描く態度の二点に注目する。

馬琴の読本作品に関しては、坪内逍遥『小説神髄』（松罪堂、一八八五年九月〜一八八六年四月刊行）において『南総里見八犬伝』への厳しい評論が書かれて以来、伏田学斎『椿説弓張月細評』（『四方の巷』）上巻、帝国文庫三十九、一九九六年）をはじめとする多くの研究があり、馬琴読本作品の主題、様式、思想、その他様々な視点から論じられ続けているという現況である。作品の他に資料として参考になるのは、馬琴自らが書き残した日記、

일본어 문장 예시
(洪晟準(2019)『曲亭馬琴の読本の研究』、若草書房)

고 읽습니까? 우리의 독음처럼 '행'으로 읽는 경우도 있지만 '가다' 또는 '행하다'라는 뜻으로 읽기도 합니다. 방금 문장에서는 뜻으로 읽은 경우가 되겠습니다. 이런 경우는 일본어를 조금 더 공부해야 알 수가 있습니다. 한자 뒤에 조사가 오면 독음으로 읽고 활용형이 오면 뜻으로 읽는다는 것은 공부를 거듭하면 알 수 있는

부분입니다. 어찌되었든 한자를 보고 대략적인 내용을 파악할 수 있는 것은 아무래도 한국어와 일본어의 어순이 같고 한자도 공통적으로 사용하기 때문이겠지요.

제 2 장

일본어와 한자

주지하다시피 한자는 고대 중국에서 만들어져 한반도와 일본 등지로 전래되었습니다. 가장 오래된 형태는 기원전 15세기경의 갑골 문자이며 여기에 고대 한자의 형태가 남아 있다고 보면 됩니다. 그리고 일본에는 4, 5세기경에 백제의 왕인(王仁)이 천자문과 논어를 전한 것이 한자 전래의 시초입니다. 당시 일본으로 가지고 들어간 책이 천자문 1권, 논어 10권이라고 합니다. 그런데 특이한 점은 우리 역사책에는 기록이 남아 있지 않고 일본문헌에서만 살펴볼 수 있다는 점입니다. 그래서 일본의 『고지키(古事記, 고사기)』에 백제에서 건너온 왕인이라고 하는 학자가 한자를 일본에 전했다고 하는 기록이 전해지고 있습니다. 왕인의 이름을 한자로 '王仁'이라고 쓰고 'ワニ[와니]'라고 읽고 있으며, 그 기록을 보면 상당히 박식한 학자라는 것이 강조되어 있습니다. 실제로 왕인이 백제 사람이었느냐, 중국에서 건너왔느냐, 백제를 통해서 일본으로 건너간 중국 사람인 것이냐 등 다양한 견해들이 있는데, 그것을 여기서 논하자는 것은 아니고, 한자가 백제를 통해서 일본으로 전래되었다는 것이 중요합니다. 당시 일본에 한자와 함께 다양한 선진문물이 함께 전해졌습니다. 4, 5세기경이라고 하면 당시 동아시아에서 가장 강한 나라는 바로 중국이었습니다. 그러니까 중국의 문물이 바로 선진문물이었고, 불교, 유교와 같은 학문, 종교 등 다

양한 문화가 한꺼번에 일본으로 전래가 되었습니다. 그래서 이 시기에 백제를 통해서 한자가 전래되었다는 사실은 불교가 전래되었다는 것과 같은 맥락으로 이해할 수 있습니다.

일본의 한자 수용

일본의 한자 수용은 유교와 불교, 율령제(律令制) 그리고 선진 기술과 문물 등의 선진 문화의 수용과 깊은 연관이 있습니다. 율령제는 중국 당나라의 율령제를 말하는데 일본은 율령제를 성립시킬 때 중국의 제도를 참고했다고 전해지고 있습니다. 대략 7세기에서 10세기쯤에 일본으로 율령제 체계, 법 체계 등이 들어왔습니다. 그래서 율령 국가가 형성이 되었다, 국가 제도로서 율령 제도가 정립되었다, 이런 식으로 다양하게 말을 하고 있습니다. 이때 관위상당제(官位相当制)를 비롯한 다양한 제도가 확립되었습니다. 당시로서는 상당히 선진화된 이러한 제도는 지금 보더라도 훗날 일본이 국가 체제를 확립하는 데에 가장 큰 영향을 준 것이었으리라 짐작할 수 있습니다.

그리고 과거 수(隋)나라와 당(唐)나라 시기에도 유학생이 있었

다는 것도 재미있는 사실입니다. 유학생(留學生) 및 유학승(留學僧)이 중국으로 건너가서 선진 문명을 배워 돌아왔습니다. 현재 유학생은 'りゅうがくせい[류가쿠세이]'라고 발음하는데 과거에는 'るがくしょう[루가쿠쇼]'라고 발음이 달랐습니다. 그런데 한자는 같습니다. 주로 귀족 자녀들과 같은 사람들이 중국에 가서 선진 문물을 배워왔고, 학식이 뛰어난 승려들이 중국에 건너가서 불교 등을 배워 돌아왔습니다. 그리고 이때 들여온 한자 문화나 불교 문화 등의 선진 문명, 선진 지식 등이 7세기 일본의 율령 국가 형성에 직접적으로 영향을 주었습니다. 그러니까 한자의 전래가 결국 일본의 국가 형성에 아주 큰 영향을 미쳤던 것입니다.

일본어 표기와 한자

일본에 처음으로 한자가 들어왔을 때 어떻게 사용되었는지 살펴보겠습니다. 고대에 일본어를 표기하기 위해서 한자의 음을 빌려서 쓴 문자를 만요가나(万葉仮名)라고 합니다. 차자(借字)의 일종입니다. 그러니까 일본어라는 언어는 고대부터 있었는데 단지 그것을 표기할 문자가 없었고, 한자가 전래됨으로써 말로만 전달되던 것들을 기록할 수 있게 된 것이었습니다.

그렇다면 한자를 어떻게 활용했을까요? 당시 사람들은 한자가 지닌 각각의 음을 파악하고 일본어의 발음에 맞는 한자를 활용했습니다. 그게 바로 차자인 것입니다. 우리도 유사한 차자 방식이 있습니다. 신라시대 때의 이두(吏讀), 그리고 향찰(鄕札) 즉 향가를 표기하는 데에 사용했던 한자 표기법이 바로 그것입니다. 이두나 향찰도 마찬가지로 한자의 음과 훈을 빌려서 우리말을 표기했던 차자 표기법입니다. 간단하게 예시를 들어보면, '가다'라는 말이 있습니다. '가다'를 한자로 표기하려면 '行(갈 행)' 자를 써야 됩니다. 그래야 '가다'라고 하는 뜻이 됩니다. 그렇지만 차자 표기법에 있어서는 이 '가다'를 그대로 '가', '다'의 발음에 맞게 표기를 합니다. 예를 들어 '家多[가다]'라고 표기를 했다고 해서 '집이 많다'라는 뜻은 당연히 아니고, 우리가 아는 'go'라고 하는 '가다'를 나타내는 말인 것인데, 당시에는 한글이 없었기 때문에 우리말 발음에 맞는 한자를 빌려와서 표기했습니다. 일본도 마찬가지입니다. 일본어로 '가다'는 'いく [이쿠]'이고 현재 '行く [이쿠]'라고 '行(갈 행)' 자 뒤에 어미를 붙여서 한자와 히라가나를 함께 사용합니다. 그런데 히라가나가 나오기 전에 만요가나에서는 이렇게 표기하지 않았습니다. '이쿠'라고 발음되는 일본어에 맞는 문자가 없

어서 '以[이]'라고 발음되는 한자와 '久[쿠]'라고 발음되는 한자를 빌려와서 사용한 것입니다. 그리고 결과적으로 일본어의 문자는 만요가나로 사용됐던 한자가 형태를 바꿔서 형성되게 됩니다.

만요가나가 가장 처음으로 등장하는 자료는 '이나리야마고분 출토 철검(稲荷山古墳出土鉄剣)'이라는 이름의 철검입니다. 이나리 야마(稲荷山)는 사이타마(埼玉) 근교에 있는 산인데 그곳 고분에서 출토된 검에 한자가 빼곡히 쓰여 있습니다. 이 한자가 만요가나의 형태로 쓰여 있습니다. 물론 글자 전체가 만요가나는 아니지만, 곳곳에 보이는 인명이나 지명이 만요가나의 형태로 쓰여 있어 이 검은 현재 만요가나를 찾아볼 수 있는 가장 오래된 사료로 인정받 고 있습니다. 이 검은 471년에 제작되었다고 하고, 여러 개의 이름 을 가지고 있었던 제21대 유랴쿠 천황(雄略天皇)의 별칭 중 하나인 '와카타케루 대왕(獲加多支鹵大王)'이라는 이름이 새겨져 있습니 다. 그리고 '시키노미야(斯鬼宮)'는 유랴쿠 천왕의 궁궐인데 이를 '斯鬼[시키]'라고 표기한 것도 만요가나입니다. 그 밖에 일본 신화 에 등장하는 여러 등장인물들의 이름이 여기에 나옵니다. 이런 식 으로 인명과 지명이 총 115개의 한자로 새겨져 있으며 현재 국보 로 지정되어 있습니다. 이 검은 '금착명철검(金錯銘鐵劍)'이라고도 합니다.

만요가나는『고지키(古事記, 고사기)』(712년 성립), 『니혼쇼키(日本書紀, 일본서기)』(720년 성립), 그리고『만요슈(万葉集, 만엽집)』(8세기 후반 성립)에서 많이 볼 수 있습니다.『고지키』는 일본에서 가장 오래된 문헌으로 인정받고 있는 역사서이자 신화를 기록하고 있는 책입니다.『니혼쇼키』는 '일본 최초의 역사서'라는 의의를 지니고 있는 일본의 최초의 정사(正史)입니다. 여기에 만요가나가 나옵니다. 그리고 다음으로『만요슈』는 일본의 고대 가요집입니다. 약 4,500여 수의 고대 가요가 수록되어 있는 가요집인데 여기에도 만요가나가 사용되고 있습니다.

그런데 오래전의 이런 책들이 일본어에 원래 있었던 음에 맞는 한자를 빌려다 표기했다고 했는데, 그 특징 중에 오음(吳音)에 대입되어 있다는 점이 있습니다. 다시 말해 본래 일본어의 정상적인 발음에 한자를 대입하는 것이 아니라 오음에 활용되는 한자를 사용하고 있다는 것입니다. 오음이라고 하는 것은 오(吳)의 발음이 백제를 통해 들어온 것입니다. 사실 한음(漢音)이 들어오기 이전부터 오음은 일반적으로 사용이 되던 발음입니다.

한음과 오음에는 발음의 차이가 있는데, 문헌에 따라서는 오음의 발음을 그대로 따서 한자를 사용하는 경우도 있었습니다. 예를 들어 '신'이라고 하는 단어를 한음으로 읽으면 'しん[신]'인데 오음으로 읽으면 'じん[진]'입니다. 그런데 과거에 '진'이라고 표기되어 있는 부분에 한자를 대입한다고 했을 때, 본래 한음을 따른다고 하면 'しん[신]'에 대입할 한자를 한자로서 '神'을 써야 하는데 'じん[진]'에다가 이 한자를 사용합니다. 이런 식으로 오음을 기준으로 한자를 대입시킨 경우가 종종 있었습니다. 지금 현재에도 한음과 오음은 함께 사용되고 있는데, 예를 들어서 '男'의 경우도 한음으로 읽으면 'だん[단]'이고 오음으로 읽으면 'なん[난]'입니다. '衣'의 경우 한음으로 읽을 때는 'い[이]', 오음으로 읽을 때는 'え[에]'로 읽습니다.

그리고 언제 한음을 쓰고 언제 오음을 쓰는지는 단어에 따라서 다릅니다. 단어마다 그 유래와 형성 과정이 다르기 때문입니다. 그래서 이것은 외울 수밖에 없는 부분인데, 일본에서 한자어를 공부할 때 오음이 가장 어려운 부분이기도 합니다. 우리가 한자를 봤을 때 일반적으로 읽는 방식이 있습니다. 예를 들어 '礼'는 'れい[레이]'라고 있는 것이 가장 일반적입니다. 그래서 우리는 기본적으로 이 한자를 보고 'れい[레이]'라고 읽게 되는데, 단어에 따라서는 이것을 'らい[라이]'라고 읽는 경우가 있습니다. 이러한 예외적인 경우 중 하나가 오음입니다. 현재 가장 많이 사용되는 음이 한음이고, 오음은 과거에는 많이 사용됐을지 몰라도 지금 현재

기준으로 봤을 때는 특이한 음이기 때문에 따로 공부를 해야 되는 부분입니다. 이런 식으로 현재에는 한음과 오음이 많이 사용되고 있습니다.

한음과 오음을 살펴봤는데, 당음(唐音)이라는 것도 있습니다. 각각의 한자음이 어떤 특징을 지니고 어떻게 구별되는지 구체적인 사례를 통해 살펴보도록 하겠습니다.

오음은 7세기 이전부터 일본에서 사용되었던 한자음입니다. 백제를 통해서 전래가 되었고, 유학생들이 유교, 불교, 그리고 선진 문물들과 함께 들여왔습니다. 오음도 불교와 함께 들어왔고 주로 불교 용어에 사용됐습니다. 현재에도 오음은 불교 용어에 많이 쓰이고 있습니다.

한음은 7, 8세기에 전해진 당나라의 한자음입니다. 그 이전부터 사용되던 한자음은 오음인데 한음이라고 하는 것이 새롭게 들어온 것입니다. 견수사, 견당사 또는 유학승 등이 전한 것입니다. 현대 일본어에서 가장 많이 쓰이고 있는 한자음이 바로 한음입니다. 그래서 일본 사람들에게 한음이 가장 익숙합니다.

'해탈(解脱)'이라고 하는 단어는 불교 용어입니다. 이를 일본에서는 'げだつ[게다쓰]'라고 읽습니다. 그 다음에 '해열(解熱)'은 'げねつ[게네쓰]'라고 읽습니다. 즉, '해(解)'를 'げ[게]'라고 읽고 있습

니다. 그런데 한음으로 읽었을 때 해(解)'는 보통 '解釈[가이샤쿠]'
처럼 'かい[가이]'라고 읽습니다. 이렇게 읽는 것이 현대의 일반적
인 발음인데, 이것을 'げ[게]'라고 읽을 경우가 바로 오음인 것입
니다. 그리고 이것은 불교 용어입니다. 다시 말해 불교 용어일 때
는 '해(解)'를 'げ[게]'라고 읽고, 불교 용어가 아닌 경우에는 대부
분의 단어에서 'かい[가이]'라고 읽습니다.

  여기서 한 가지 의문이 드는데, 해탈은 불교 용어라는 것을 알
겠는데 해열은 뭘까요? '해열(解熱)'을 'げねつ[게네쓰]'와 같이 오
음으로 읽는 것이 참 독특합니다. 이 단어의 어원이 명확하게 밝
혀져 있지는 않지만, 현재 사전 등을 통해 확인할 수 있는 사실은
과거에는 의술(医術)도 중국에서 불교와 함께 건너왔다고 합니다.
'해열(解熱)'이라는 단어도 그때 불교와 함께 건너온 것이라서 이
'해(解)'를 'げねつ[게네쓰]'의 'げ[게]'와 같이 발음한다고 합니다.
불교 용어라기보다 불교와 관련된 의학 정도로 생각할 수 있겠습
니다. 마찬가지로 '건립(建立)'이라고 하는 단어도 그렇습니다. '건
립(建立)'은 일본에서는 두 가지로 읽을 수가 있습니다. 첫 번째는
'こんりゅう[곤류]'입니다. 이것은 오음인데 '건(建)'을 'こん[곤]'
이라고 읽는 것입니다. 물론 '립(立)'도 'りゅう[류]'라고 읽고 있
습니다. 그런데 이 단어는 'けんりつ[겐리쓰]'라고도 읽을 수 있습

니다. 'けんりつ[겐리쓰]'는 한음입니다. 보통 일본 사람들에게 이걸 읽어보라고 하면 대체로 이렇게 읽습니다. 재미있는 사실은 오음인 'こんりゅう[곤류]'라고 읽을 때는 불교와 관련이 있을 때라는 점입니다. 그래서 '건립(建立)'을 'こんりゅう[곤류]'라고 읽으면 사찰을 건립하는 것을 말합니다. 반면 'けんりつ[겐리쓰]'라고 읽으면 일반적인 건립을 말합니다. 이렇게 해서 발음에 따라서 그 의미도 달라집니다. 그러니까 불교와 연관이 있는 경우에는 오음, 그렇지 않은 경우에는 한음으로 읽습니다. 이런 부분이 일본어 학습을 어렵게 만드는 요인 중 하나가 아닐까 싶습니다. 단어를 써 놓고 여러 가지로 읽을 수 있다는 점은 재미있으면서도 어려운 점이라고 생각됩니다.

또 하나 예를 보면, '변화(変化)'라고 하는 단어가 있습니다. 이 것을 오음으로 읽으면 'へんげ[헨게]', 한음으로 읽으면 'へんか[헨카]'입니다. '변화(変化)'를 일본 사람들한테 읽어보라고 하면 높은 비율로 'へんか[헨카]'라고 읽을 것입니다. 일반적으로 'へんか[헨카]'라고 합니다. 'へんげ[헨게]'는 오음이며, 신불(神仏)이 본 래의 모습이 아니라 다른 모습으로 나타나는 것을 'へんげ[헨게]'라고 합니다. 이것도 불교적인 의미가 담겨 있는 것입니다. 하나만 더 보면, '이익(利益)'이라는 단어가 있습니다. 이것도 'りやく

[리야쿠]'라고 읽을 수 있고 'りえき[리에키]'라고도 읽을 수 있습니다. 역시 일본 사람들에게 이 단어를 읽으라고 하면 많은 사람들이 'りえき[리에키]'라고 읽습니다. 그런데 이를 'りやく[리야쿠]'라고 읽을 때가 있는데 언제일까요? 바로 부처님의 공덕을 말할 때입니다. 그러니까 어떤 단어가 주어졌을 때, 이 단어가 불교와 관련된 의미를 지니고 있을 경우에는 일반적인 한음과 다른 오음으로도 읽을 수 있다는 것입니다.

그리고 당음(唐音)이라는 것이 있는데, 이는 송나라 이후의 한자음입니다. 다른 말로는 송음(宋音)이라고도 하며, 시기적으로 중세 당음과 근세 당음으로 구분 짓기도 합니다. 당음의 사례로는 이러한 것들이 있습니다. '의자(椅子)'는 'いす[이스]'라고 읽습니다. '부채(扇子)'는 'せんす[센스]', '명(明)'은 'みん[민]', '등롱(提灯)'은 'ちょうちん[조친]', '화상(和尚)'은 'おしょう[오쇼]', '청(清)'은 'しん[신]', '은행(銀杏)'은 'ぎんなん[긴난]', 일본 가게 입구에 걸어놓은 '노렌(暖簾)'은 'のれん[노렌]', '만주(饅頭)'는 'まんじゅう[만주]'라고 합니다. 이들은 모두 당음으로 읽은 것입니다. 의자를 예로 들면, 'いす[이스]'라고 읽는다는 건데 한자에 '子(아들 자)'가 있습니다. 이걸 'す[스]'라고 읽지는 못 합니다. 한음으로 읽으면 '스'가 아니며 일본에서 이것을 '시'로 읽습니다. 그런데 당음, 송나라의 발음이 들어옴으로써 'す[스]'라고 읽게 되었다는 것입니다. 그렇다면 이전에는 의자를 'いす[이스]'라고 안 읽었을까요? 원래 'いし[이시]'라고 읽었는데 당음이 전래되고 나서 발음이 'いす[이스]'로 바뀌었다고 합니다. 그래서 지금 현재 'いす[이스]'라고 발음을 하고 있습니다. 이런 식으로 당음은 본래의 발음이 아닌 새로운 발음으로 읽는 경우를 말하는데, '명(明)'도 보통 두 가지로 읽습니다. 일본에서는 일반적으로 'めい[메이]'나 'みょう[묘]'로 읽고, 명나라를 칭할 때에는 'みん[민]'으로 읽습니다. 이것도 특이한 케이스입니다. 공부를 하지 않으면 'みん[민]'이라고 읽기 어렵습니다. 마찬가지로 '청(淸)'도 'せい[세이]'라고 읽는 게 일반적인데, 청나라를 칭할 때는 'しん[신]'이라고 읽습니다.

오음, 한음, 당음을 다 살펴봤습니다. 일본어 교육의 측면에서 봤을 때 한자를 보고 가장 익숙하다고 느끼는 것이 한음입니다. 다시 말해 오음이나 당음은 일본어를 배우는 입장에서 보면 특이한 발음이라고 생각하게 됩니다. 따라서 일본어능력시험을 비롯한 각종 일본어 시험에서 단골 문제로 등장하는 게 오음이나 당음입니다. 발음이 어렵다고 하지만 현재 안 쓰는 단어도 아니고 실생활에서 많이 쓰는 단어들이라는 점이 특징입니다.

다시 만요가나를 보겠습니다. 『고지키』, 『니혼쇼키』, 『만요슈』

에 만요가나가 많이 나타난다고 했는데, 일본에서 가장 오래된 문헌인 『고지키』의 경우는 오음 중심으로 되어 있고, 『니혼쇼키』는 한음 중심으로 되어 있습니다. 이에 관해서는 두 역사서의 특징을 보면 쉽게 이해할 수 있습니다. 『고지키』는 대내적인 목적을 위해서 쓰인 책입니다. 다시 말해 씨족 사회를 통치하기 위해 역사서를 발간했는데 일본 사람들에게 자신들의 정통성을 알리기 위해서 쓴 책이 바로 『고지키』입니다. 그러다보니 당시 일본 사람들에게 익숙한 표기로 쓰였습니다. 한자를 사용하고 있지만 실제 한문과는 거리가 멀고 기본적으로 차자(借字) 형식으로 되어 있으며 당시 사람들이 많이 사용하는 오음으로 표기되어 있습니다.

그에 반해 『니혼쇼키』는 일본이라는 나라를 외국에 알리기 위한 대외적인 목적으로 쓰인 역사서입니다. 그래서 책 제목에도 일본이라는 국명이 들어가 있으며, 중국을 대상으로 쓰였습니다. 당시 중국인 당나라에 대해서 '우리는 이러이러한 민족이다'라는 것을 알리기 위해 쓴 역사서라고 생각하면 됩니다. 그래서 『니혼쇼키』의 경우는 한음 중심이며 순수한문체로 쓰여 있습니다. 그 이유는 중국 사람들이 보고 내용을 이해할 수 있어야 했기 때문입니다. 그리고 차자를 사용해서 인물이나 지명 등을 표기할 때에도 한음 중심으로 표기했습니다. 즉, 당시에 중국 또는 동아시아에

거주했던 사람들이 읽을 수 있게 쓰여진 역사서가 바로 『니혼쇼키』입니다.

다음으로 『만요슈』는 만요가나로 쓰인 고대 가요 4,500여 수가 수록되어 있습니다. 『만요슈』는 오음 중심으로 쓰여 있는데 한자의 뜻을 가리키는 '화훈(和訓)'도 쓰여 있습니다. 그러니까 한자의 훈(訓)을 차자를 이용해서 표기한 경우도 살펴볼 수가 있습니다. 한자 한 글자가 1음절을 나타내는 경우도 있고 한 글자가 2음절을 나타내는 경우도 있습니다. 이러한 화훈을 자세히 보면 언어유희적인 표현이 나타나는 경우도 있습니다.

예를 들어 '十六'이 나옵니다. 이를 일본어로 읽으면 'じゅうろく[주로쿠]'인데 『만요슈』에서는 이렇게 읽지 않고 'しし[시시]'라고 읽습니다. 현대인 중에 '十六'을 'しし[시시]'라고 읽는 사람은 아무도 없습니다. 그러면 'しし[시시]'는 뭘까요? 'し[시]'는 숫자 4를 가리킵니다. 따라서 4가 두 개 있으므로 4x4=16, 그래서 16을 'しし[시시]'로 읽는 것입니다. 그런데 16을 4x4로 나타낸 자체만으로도 재미있는데, 사실은 여기서 끝난 게 아닙니다.

'しし[시시]'라고 하는 일본어 단어가 있습니다. 바로 돼지 또는 멧돼지입니다. 일본 고대 가요에서 'しし[시시]'라고 발음되는 멧돼지라는 단어를 쓰고 싶은데 거기에 4x4=16을 가지고 와서 '十六'이라고 쓴 것입니다. 물론 발음은 'しし[시시]'입니다. 다시 말해 'しし[시시]'라는 발음을 표기하고 싶은데 돼지를 뜻하는 '猪'가 아니라 굳이 '十六'이라고 표현을 했다는 것입니다. 이게 언어유희의 대표적인 사례 중 하나입니다.

한국과 일본의 한자

한자는 중국 대륙에서 기원해 한국, 일본, 대만 등지로 퍼져 나간 표의문자입니다. 그리고 한자를 사용하며 여러 문화적인 공통점을 지닌 문화권을 한자문화권이라고 부릅니다. 한국과 일본은 같은 한자문화권에 속해 있기 때문에 많은 공통점을 지니고 있는데, 한자 표기와 한자 사용에 있어서 차이점도 존재합니다.

	구자체(旧字体)	신자체(新字体)
대한민국	大韓民國	大韓民国
학교	學校	学校

'대한민국'과 '학교'를 한자로 표기하면 한국과 일본의 한자 표기 방식이 다르다는 것을 알 수 있습니다. 일본에서는 보통 '약자 (略字)'라고 칭하는 방식으로 표기합니다. 일본에서는 이를 '신자체(新字体)'라고 하고, 본래 한자의 형태를 '구자체(旧字体)'라고 합니다.

그럼 신자체는 언제부터 사용되었을까요? 그 시기는 대략 2차 세계대전 이후입니다. 일본에서는 그때까지 구자체를 사용했으며, 신자체를 사용하기 시작한 이래 현재는 특별한 경우가 아닌 이상 신자체를 사용하는 것이 일반적입니다. 그래서 우리나라와 표기가 다릅니다.

일본어의 한자에 음독과 훈독이 있는 것은 우리와 같습니다. 한자 하나를 표기했을 때 뜻으로 읽고 음으로 읽는 것은 똑같습니다. '豚'은 '돼지 돈'이라고 읽고 '돼지'는 뜻, '돈'은 음입니다. 이와 마찬가지로 일본도 'ぶた[부타]'와 'トン[돈]'이라고 뜻과 음으로 읽습니다. 현대에는 뜻에 해당되는 부분은 히라가나로 표기하고 음에 해당되는 부분은 가타카나로 표기하는 것이 일반적입니다. 그리고 일본에서 사용하는 한자 수는 4, 5만자이고, 그 중에서 상용한자로 현재 2,136자를 사용하고 있습니다. 상용한자에 대해서는 뒤에서 자세히 설명하겠습니다.

그럼 일본에서 한자를 어떤 식으로 활용하는지 보겠습니다.

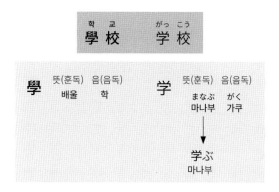

우리는 '學校'라는 한자를 보고 '학교'라고 읽고 일본에서는 'が
っこう[갓코]'라고 읽습니다. 그런데 '学'만 놓고 보면 어떨까요?
우리는 이 한자 한 글자를 '배우다'라고 하는 뜻과 '학'이라는 음
두 개로 인식합니다. 일본에서도 이 한자 한 글자를 'まなぶ[마나
부; 배우다]'라는 뜻과 'がく [가쿠; 학]'라는 음으로 인식합니다.

그런데 중요한 점은 이 한자가 주어졌을 때 우리는 '학'이라고
만 읽지 '배우다'라고는 읽지 않는다는 점입니다. 다시 말해 우리
는 한자의 뜻은 알고 있을지언정 실제 문장에서 이 한자가 활용될
때는 음으로 읽는 것이 일반적입니다. 그런데 일본어는 다릅니다.

한자어로 되어 있을 때에는 음으로 읽을 수도 있지만, 동사나 형용사로 사용될 때에는 'まなぶ[마나부]'라는 뜻으로 읽을 수도 있습니다. 이때 '배우다'라는 의미를 나타내는 부분은 한자로 쓰고 활용어미는 'ぶ[부]'라고 히라가나로 표기합니다. 이 점이 우리나라와 일본의 한자 사용에 있어 가장 큰 차이점이라고 할 수 있습니다.

일본 한자와 동음이의어

일본어에서 한자로 표기할 수밖에 없는 이유는 일본어에 동음이의어가 많기 때문입니다. 일본어의 모음 수는 あ[아], い[이], う[우], え[에], お[오], 총 5개입니다. 일본어를 공부하신 분들은 이 5개의 모음을 알고 있을 것입니다. 이는 우리의 모음에 비해서 훨씬 적습니다. 우리말은 단모음 10개와 이중 모음 11개, 총 21개의 모음을 가지고 있는데, 일본어는 모음이 5개밖에 없습니다. 모음 수가 5개밖에 없으면 동음이의어가 많이 나올 수밖에 없습니다. 다시 말해, 모음 수가 적기 때문에 여러 개의 한자를 동일한 음으로 읽을 수밖에 없습니다. 그래서 일본어에는 동음이의어가 많이 존재합니다.

예를 들어 'こうしょう[고쇼]'라는 단어가 있습니다. 이것을 일본인에게 한자로 써보라고 하면 다음과 같은 결과가 나옵니다.

| こうしょう [고쇼] | 交渉(교섭) | 考証(고증) | 口承(구승) | 公証(공증) |
| | 哄笑(홍소) | 工商(공상) | 高尚(고상) | 行賞(행상) |

교섭, 고증, 구승, 공증, 홍소, 공상, 고상, 행상 모두 'こうしょう[고쇼]'라고 읽습니다. 한자는 다 다른데 'こうしょう[고쇼]'입니다. 더 많은 예시가 있지만 여덟 개만 가져온 것입니다. 일본은 모음 수가 5개밖에 없기 때문에 여덟 개의 단어를 모두 '고쇼'라고 읽을 수밖에 없는 것입니다. 이렇듯 일본어에서는 동음이의어가 다수 발생하는 이유 때문에 한자를 반드시 사용할 수밖에 없습니다.

한국어와 일본어의 띄어쓰기, 그리고 한자

앞서 일본어에서의 한자 사용이 우리의 띄어쓰기와 같은 역할을 한다고 했습니다. 물론 한자를 쓰는 이유가 띄어쓰기를 위해서 쓰는 건 절대 아니지만, 가시적인 관점에서 봤을 때 일본어의 한자가 우리말의 띄어쓰기의 역할을 한다고 볼 수 있는 것입니다.

나는학생입니다.
지금일본의문자세계수업을듣고있습니다.

나는 학생입니다.
지금 「일본의 문자 세계」 수업을 듣고 있습니다.

わたしはがくせいです。
いま、にほんのもじのせかいのじゅぎょうをうけています。

私は学生です。
今、「日本の文字の世界」の授業を受けています。

한국어에서 띄어쓰기를 하지 않으면 뜻을 바로 이해하기 어렵습니다. 그래서 우리는 띄어쓰기를 하는 것이지요. 이와 마찬가지로 일본어에서 한자를 사용하지 않고 히라가나로만 표기한다면 도저히 무슨 말인지 이해하기가 어렵습니다. 문장이 아주 길어지고 복잡해집니다. 일본어에서 한자를 사용하면 의미를 나타내는 부분은 한자로 표기하고, 활용하는 부분과 조사는 히라가나로 표기할 수 있습니다. 그런 의미로 가시적인 관점에서 우리의 띄어쓰기의 역할을 한자가 해준다고 볼 수가 있는 것입니다. 일본어에서는 고유의 문자와 한자가 지금 현재도 공존하고 있으며, 한자는 앞으로도 계속 사용될 것입니다.

제3장

일본어 문자의 형성(1)

─히라가나

일본어는 고유의 문자와 외래 문자로 나눌 수 있는데, 고유의 문자에는 히라가나와 가타카나가 있고, 외래 문자에는 한자가 있습니다. 다시 말해 일본어는 히라가나, 가타카나, 한자의 세 가지 문자가 공존하고 있습니다.

앞 장에서 설명한 내용을 잠시 복습해 보면, 히라가나는 일반 표기입니다. 일반적으로 표기할 때 사용하는 문자입니다. 'わたし[와타시]'라고 쓰면 '나'를 뜻하는 것이고, 'にほん[니혼]' 또는 'にっぽん[닛폰]'이라고 쓰면 '일본'을 뜻합니다. 이렇게 일반 명사는 히라가나로 표기합니다.

다음으로 가타카나의 경우, 외래어나 의성어, 의태어 등을 표기할 때 사용합니다. 최근에는 의태어를 히라가나로 쓰는 경우가 점차 늘어나고 있습니다. 그래서 가타카나로 표기하지 않아도 되는 경우를 찾아볼 수 있습니다. 이는 언어의 표기 방식이 변화하고 있는 과도기적 현상이라고 할 수 있습니다.

마지막으로 한자는 의미를 지니고 있는 보통 일반 명사를 표기할 때 사용합니다. 위에서 살펴본 '나'의 경우는 '私'로 쓰고 'わたし[와타시]'라고 읽습니다. 그런데 여기에서 중요한 것은 한자 한 글자도 읽는 방법이 여러 가지라는 점입니다.

일본어 고유 문자의 성립과 특징

　히라가나의 가장 초기 형태는 만요가나(万葉仮名)입니다. 만요가나는 고대의 일본어를 표기하기 위해서 한자의 음을 빌린 문자이고 차자(借字)의 일종입니다. 우리도 이두(吏讀) 또는 향찰(鄕札)이라는 차자의 형태가 있었습니다. 주로 삼국 시대에 발달을 해서 통일신라시대에 성립이 된 차자의 형태가 바로 이것입니다. 만요가나는 이두와 매우 유사합니다.

　히라가나는 9세기경에 성립되었고 한자를 바탕으로 만들어진 표음 문자입니다. 여기에서 말하는 한자는 일본어의 발음을 표기하는 한자를 말합니다. 한자 한 글자가 어떠한 의미를 지니지 않고, 발음에 따라 표기하는 문자입니다. 한국어와 다른 점은 한국어는 자음과 모음이 결합되어서 한 음절이 완성된다면, 일본어는 자음과 모음의 결합이 아니라 한 문자가 한 음절을 나타낸다는 점입니다. 우리는 '시'라고 하면 ㅅ자음과 ㅣ모음의 결합입니다. 그런데 일본어는 'し'라는 문자 하나가 [si]라는 발음을 지닙니다. 한국어에서 '카'라고 표기하면 역시 ㅋ자음과 ㅏ모음의 결합인데, 일본어는 'か'라는 문자 하나가 [ka]라는 발음을 냅니다. 일본어의 문자는 자음과 모음으로 분리시킬 수 없습니다.

그런데 히라가나는 한자의 초서체가 바탕이 되었습니다. 'あ[아]'라는 문자는 '安'이 변화한 것입니다. 이 한자가 초서체의 형태를 띠면서 히라가나 'あ[아]'가 된 것입니다. 한자가 히라가나로 변화하는 과정에서 해서(楷書) - 행서(行書) - 초서(草書) 단계를 거칩니다. 그리고 결국 히라가나의 문자가 됩니다. 즉, 처음에 해서에서 시작하여 행서, 조금 흘려 쓰다가 그것을 초서, 붓글씨로 더 빨리 쓰려고 더 흘려 쓰다가 최종적으로 지금 형태인 히라가나가 되었다고 생각하면 되겠습니다. 모든 히라가나가 이런 식으로 한자의 초서체가 바탕이 되어서 형성되었습니다.

그리고 히라가나는 모두 50개의 문자가 있습니다. 그런데 현재는 46개만 사용하고 있습니다. 처음에는 50개의 문자로 형성이 되었다가 오랜 시간에 걸쳐서 유사하게 발음되는 문자가 하나로 합쳐지거나 하여 사라지고 현재는 46개가 남았습니다.

한편, 가타카나는 9세기 말에서 10세기 초에 성립되었습니다. 히라가나보다 조금 늦게 생겨났지만 거의 동시기라고 보면 됩니다. 가타카나 역시 한자를 바탕으로 만들어진 표음 문자입니다. 한자의 변 혹은 방을 따서 만든 문자가 바로 가타카나입니다. 히라가나와 가타카나의 가장 큰 차이점을 한 마디로 말하자면, 히라가나는 한자의 초서체가 문자화된 것이고 가타카나는 한자의 일부분이 문자화된 것입니다. 가타카나 역시 처음에 50개가 있었는데 유사한 발음의 문자가 통합되거나 없어져 지금은 46개 문자를 사용하고 있습니다.

가나(仮名)의 명칭

가나의 명칭을 다시 한 번 살펴보면, 만요가나는 한자의 차자 형식입니다. 일본어 발음에 맞는 한자를 선택하여 해당 한자를 일본어 문장에 적절하게 대입시켜 문장을 형성하는 것이 만요가나입니다. 이러한 방식으로 한자를 적절하게 대입시키고 행서(行書)나 초서(草書)로 표기합니다. 해서에서 초서로 갈수록 한자의 기본 형태를 알아보기가 어려워집니다. 처음에는 해서로 한자를 썼다가 행서 형태로 조금 흘려 쓰게 되고, 마지막에는 초서 형태로 더 흘려 쓰게 되는 것입니다. 그래서 해서, 행서, 초서의 표기를 모두 합쳐서 만요가나라고 부릅니다.

만요가나 중에서 한자의 초서 표기를 특히 '소가나(草仮名)'라고 합니다. 소가나와 만요가나 사이에 특별한 차이점이 있다기보다 만요가나 중에서 특히 초서로 표기한 것을 소가나라고 부르는 것입니다.

이렇게 가나의 명칭이 생겼습니다. 아직 히라가나와 가타카나라는 명칭은 생겨나지 않았습니다. 소가나라고 하는 명칭으로 문자를 부르던 이듬해 가타카나라고 하는 명칭이 생겼습니다. 위에서 설명했듯이 가타카나는 한자의 변 또는 방 일부분을 따서 만든 문자입니다. 그래서 가타카나의 한자 표기를 보면 '조각 편(片)'자가 쓰여 있습니다. 한자를 조각내서 그 조각으로 문자를 만들었다는 뜻으로 '가타카나(片仮名)라고 이름이 붙여진 것입니다. 이때까지만 해도 만요가나가 있고, 소가나라고 부르는 만요가나의 초서 표기가 있고, 그중에서도 조각내서 만든 가타카나가 있었습니다.

아직 히라가나라는 명칭은 등장하지 않았는데, 가타카나라는 명칭으로 부르다 보니 해서, 행서, 초서로 표기했던 만요가나를 어떻게 불러야 할지 고민이 되기 시작했습니다.

사실 만요가나와 가타카나는 별개가 아니라 만요가나 안에 가타카나가 포함되어 있다고 볼 수 있었습니다. 이런 상황 속에서 한자 전체를 표기한 문자는 어떻게 부르면 될지 고민하게 되었고, 그 결과 히라가나(平仮名)라는 명칭이 생겼습니다. 히라가나의 '평평한 평(平)'자는 '보편적인', '보통의'라고 하는 의미를 지니고 있어 '가타카나에 대응해서 보편적인 보통의 문자'라는 의미로 이 명칭이 붙었습니다. 히라가나는 한자가 해서에서 초서 형태로 변화하여 최종적으로 만들어진 문자를 말합니다. 그러니까 지금 우리가 알고 있는 모든 히라가나가 다 근본이 되는 모자(母字)를 가지고 있는 것입니다.

히라가나와 가타카나

		w	r	y	m	h	n	t	s	k	
ん n	わ wa	ら ra	や ya	ま ma	は ha	な na	た ta	さ sa	か ka	あ a
	(ゐ) wi	り ri		み mi	ひ hi	に ni	ち chi	し shi	き ki	い i
		る ru	ゆ yu	む mu	ふ fu	ぬ nu	つ tsu	す su	く ku	う u
	(ゑ) we	れ re		め me	へ he	ね ne	て te	せ se	け ke	え e
	を wo	ろ ro	よ yo	も mo	ほ ho	の no	と to	そ so	こ ko	お o

오십음도 - 히라가나

히라가나의 오십음도(五十音図)를 보면 사용되지 않는 문자는 5가지입니다. y행은 [ya], [yi], [yu], [ye], [yo]인데, [yi]와 [ye]는 모음 [i], [e]와 발음이 매우 유사합니다. 그래서 현재는 사용되고 있지

일본의 문자 세계

않습니다. 굳이 구분지을 필요가 없어진 것입니다. 그리고 w행은 [wa], [wi], [wu], [we], [wo]입니다. 여기에서 [wi], [wu], [we]도 같은 이유로 현재 사용되지 않습니다. 하지만 [wi]와 [we]는 간혹 가다가 쓸 때가 있습니다. 실제 현대 일본어에서는 사용하지 않지만 근대적인 느낌을 내거나 근세 또는 그 이전의 발음을 표기할 때 ゐ[wi]와 ゑ[we]를 사용할 때도 있습니다. を[wo]는 지금 사용하고 있습니다. を[wo]와 お[o]는 발음 차이가 크지 않습니다. 문장 속에서 を[wo]는 '~을(를)'이라는 조사인데 발음할 때는 그냥 [o]라고 발음합니다.

	w	r	y	m	h	n	t	s	k	
ン n	ワ wa	ラ ra	ヤ ya	マ ma	ハ ha	ナ na	タ ta	サ sa	カ ka	ア a
	(ヰ) wi	リ ri		ミ mi	ヒ hi	ニ ni	チ chi	シ shi	キ ki	イ I
		ル ru	ユ yu	ム mu	フ fu	ヌ nu	ツ tsu	ス su	ク ku	ウ u
	(ヱ) we	レ re		メ me	ヘ he	ネ ne	テ te	セ se	ケ ke	エ e
	ヲ wo	ロ ro	ヨ yo	モ mo	ホ ho	ノ no	ト to	ソ so	コ ko	オ o

오십음도 – 가타카나

가타카나도 마찬가지입니다. 히라가나와 똑같은 문자가 지금 사용되고 있지 않으며, [wi]와 [we]는 기본적으로는 사용하지 않지만 경우에 따라서 사용하기도 합니다.

히라가나와 가타카나를 오십음도라고 하는데 왜 50개가 아닌지 의문을 지녔다면, 문자가 유사한 발음이라서 사라졌거나, 아니면 현재에는 사용하지 않은 발음이기 때문에 없어졌다고 이해하면 됩니다.

히라가나의 형성

그럼 히라가나가 문자로 형성되는 과정을 구체적으로 살펴보겠습니다. 과거에 [a]라는 발음을 표기할 필요가 있었는데 어느 한자를 사용할지 고민하다 安이라는 한자를 가지고 왔습니다. 그리고 오랜 기간 동안 이 글자를 [a]로 발음되는 곳에 대입해서 사용하였는데, 붓으로 글을 쓰다 보니 또박또박 쓰지 않고 행서체 또는 초서체, 아니면 더 흐트러진 형태로 쓰게 되었습니다. 이렇게 형태가 많이 바뀌어 지금 현재의 あ[a]의 형태로 남게 되었습니다. い[i]도 그렇습니다. い[i]도 처음에 以를 대입해 사용하다 점점 행서체, 초서체 형태로 변화하여 최종적으로 현재의 い[i]가 된 것입

니다. 이렇게 히라가나의 모든 문자가 본래의 한자, 즉 모자(母字)를 가지고 있습니다. 그 모자에서 시작해서 지금 현재 우리가 알고 있는 히라가나로 정착한 것입니다.

그렇다면 [a]라는 발음을 한자로 표기할 때에 安이라는 한자만 사용했을까요? 아닙니다. 安뿐만 아니라 다른 한자도 사용했습니다. 여러 한자를 동일한 음에 사용하다가 최종적으로 安이 채택된 거라고 보면 됩니다. 다른 문자도 마찬가지입니다. 하나만 사용한 게 아니라 다른 한자도 여러 개씩 사용했습니다. 여러 가지 이유로 발음별로 모자가 선택되어 현재 오십음도에 남아 있는 히라가나가 형성된 것입니다.

히라가나로 쓰인 문헌과 그림

최초로 히라가나로 쓰인 문헌이 무엇일까요? 그전에도 히라가나로 표기가 됐었지만 스토리를 지닌 작품으로서 934년경에 성립된 『도사 일기(土佐日記)』라고 하는 일기 문학이 최초의 히라가나 문헌입니다. 가인(歌人)인 기노 쓰라유키(紀貫之)가 쓴 문학 작품이며, 도사(土佐)라고 하는 지역을 방문하고 돌아오는 길에 있었던 에피소드를 유머러스하게 쓴 일기 문학입니다. 이것이 히라가나로 쓰여 있습니다. 히라가나는 남성과 여성으로 따지자면 여성의 문자입니다. 그리고 지식인이 사용한 문자가 아닙니다. 당시 지식인들은 한자를 사용했었고, 한문으로 표기를 했습니다. 그런데 이 히라가나라는 문자는 점차 널리 사용되기는 했지만, 공식 문서와 같은 곳에는 사용하지 않았습니다. 그런데 기노 쓰라유키라고 하는 사람이 『도사 일기』를 히라가나로 써서 히라가나가 많이 보급되었습니다. 이때까지만 하더라도 히라가나는 여성이 사용하는 문자라는 인식이 많이 퍼져 있었고, 실제로 『도사 일기』가 나온 이후에도 그랬습니다. 이러한 상황은 한동안 이어졌습니다. 하지만 기노 쓰라유키는 남성입니다.

그래서 『도사 일기』의 저자가 기노 쓰라유키가 아니라는 설도 있었습니다. 남성인 그가 왜 히라가나를 썼는지 의문을 갖는 사람들도 많았지만, 현재 기노 쓰라유키가 쓴 게 맞다는 것이 통설로 받아들여지고 있습니다. 당시 일본의 전통 노래인 와카(和歌)는 히라가나로 쓰는 것이 일반적이었기 때문에 가인이었던 그가 히라가나를 사용한 것이 전혀 이상한 일이 아니라는 것이 일반적인 설입니다.

『도사 일기』의 본문을 보면 전부 다 히라가나입니다. 당시에 각각의 문자는 여러 개의 한자를 빌려서 표기하고 있었는데, 그 중에서 기노 쓰라유키는 적절한 한자를 가져다 표기를 했습니다. 즉, 현재 정립되어 있는 것과 같이 한 음절에 걸맞은 한자가 정해져 있지 않았습니다. 초기에는 이렇게 사용되었던 한자가 한 300개 정도 되었습니다.

지금은 50음도입니다. 게다가 46개만 사용하고 있는데, 초기에는 한 300여 개 정도의 한자가 있었고, 그 여러 개의 선택지 중에서 원하는 것을 가져다 사용했습니다. 그런데 그 중에서 주로 사용하는 것들이 계속 살아남았다고 보면 됩니다. 그게 최종적으로 현재 히라가나 문자로 남은 것입니다. 헤이안 시대(平安時代, 794-1185) 말기가 되면 300여 개였던 것이 100여 개로 줄어들고, 점점 시대가 흐르면서 지금의 46개로 정착된 것입니다.

『마쿠라노소시(枕草子)』(11세기 초 성립)라는 수필이 있는데, 이것도 모두 히라가나로 쓰여 있습니다. 중간에 한자처럼 보이는 문자도 있지만 모두 히라가나입니다. 훗날 에도 시대가 되면 이런 문자를 히라가나로 봐야 할지 한자로 봐야 할지 고민하게 되지만 당시는 히라가나로 쓴 것입니다. 『마쿠라노소시』에서 가장 유명한 구절인 'はるはあけぼの[하루와 아케보노]'를 한번 살펴보겠습니다.

『마쿠라노소시』간에이(寬永)
연간(1624-1645년) 서사(書写)판
(일본 국립국회도서관 소장, 本別14-17)
*네모 표시는 필자에 의한 것임.

　　『마쿠라노소시』의 인용 자료에서 네모로 표시한 곳을 보면 총
7글자가 쓰여 있습니다.

　　は[하] - る[루] - は[하] - あ[아] - け[케] - ほ(ぼ)[호(보)] - の[노]

첫 번째 は[하]는 者가 모자인 は[하]이고 세 번째 は[하]는 八이 모자인 は[하]입니다. 똑같은 は[하]인데 다른 한자에서 기인한 문자를 쓰고 있음을 알 수 있습니다. 그런데 시간이 흘러 중세를 거쳐 에도 시대로 오면서 어떤 경향성을 띕니다. 초기에는 한자를 선택해서 쓰다가 시간이 흐르면서 한자를 어느 정도 정립시키는 경향이 나타납니다. 'はるは[하루와]'를 보면, '와'는 '~을/를'이라는 뜻을 지닌 조사인데, 조사에는 八을 사용합니다. 즉, 일반 문자와 조사 간에 사용하는 한자가 달라진다는 것입니다. 'はるはあけぼの[하루와 아케보노]'는 '봄은 새벽녘'이라는 뜻입니다.

다음은 나마즈에(鯰絵)라고 하는 메기 그림입니다. 일본에 대지진이 발생하게 되면 일본 열도 아래에 존재하는 큰 메기가 발악을 하는 바람에 땅이 흔들려서 지진이 발생한 것이라는 민간신앙이 있는데, 이로 인해 메기 그림이 에도 시대 때 아주 유행했습니다. 이 그림을 몸에 지니고 있으면 지진의 피해로부터 자유로울 수 있다, 피해를 입지 않을 수 있다는 믿음이 있었던 것입니다. 에도 시대가 되어도 역시 현재의 히라가나가 아닌 형태, 구즈시지(崩し字)라고 하는 초서체에서 온 히라가나의 글자를 사용했습니다.

인용 자료인 「신요시와라 오나마즈유라이」라는 나마즈에의 네

신요시와라 오나마즈유라이(しんよし原大なまづゆらひ)
(도쿄대학 총합도서관 이시모토컬렉션 소장)
*네모 표시는 필자에 의한 것임.

모 부분에 쓰인 문자 각각의 모자(母字)를 보면 각각의 히라가나
가 어떤 한자를 모자로 삼고 있는지 확인할 수 있습니다. 그리고
마지막 글자인 原은 한자이고 はら[하라]라고 발음합니다. '신 요
시와라(新吉原)'는 일본의 유곽입니다. 에도(현재의 도쿄)에 있었던
유곽인데, 1800년대 중반에 있었던 대지진 때 이 유곽도 큰 피해
를 입었습니다. 그림에 보이는 여성들은 다 유녀입니다. 유녀들이
메기를 잡아서 혼을 내고 나아가 자식 메기까지도 공격하고 있습
니다. 메기를 때리면서 왜 지진을 발생시켰는지 한을 푸는 모습처
럼 보입니다. 주변에 글자가 보이는데 곳곳에 한자가 보이긴 하지

만 거의 전부 히라가나로 쓰여 있습니다.

　참고로 에도 시대가 되면 히라가나와 한자를 구별하는 것도 문장을 해석하는 요령, 또는 능력이었습니다. 무엇이 히라가나이고 무엇이 한자인지를 바로 구분지을 수 있어야 글을 읽는 데 어려움이 없었습니다.

모자(母字)

제4장

일본어 문자의 형성(2)
―가타카나

히라가나는 한자의 초서체가 문자화된 것인 반면, 가타카나는 한자의 조각이 문자화된 것입니다. 그럼 가타카나는 왜 형성되었고, 어떻게 사용되었을까요?

가타카나의 형성

9세기 초, 나라(奈良) 지역의 고승(古僧)들 사이에서 한문을 읽기 위해 훈점(訓点)으로서 만요가나의 일부를 생략해서 기입한 문자가 있었는데 이것이 가타카나가 되었습니다. 불교 경전은 기본적으로 한자로 쓰여 있습니다. 그런데 이 난해한 한문을 어떻게 읽을지 읽는 법을 참고하기 위해서 옆에 기호처럼 표기를 하는 것입니다. 읽기 편하라고 메모 형식으로 표기했던 것이 가타카나로 정착이 된 것입니다. 한자 한 글자의 독음부터 한문 속에서 한자를 어떤 순서로 읽어야 되는지까지 모든 것을 가타카나로 메모했습니다.

한자를 읽는 순서를 나타낼 때에는 한자의 왼쪽에 숫자를 썼습니다. 一, 二와 같이 표기하여 一을 먼저 읽고 二를 나중에 읽는 방식입니다. 그리고 한자 오른쪽에는 보조 용언 또는 조사를 표기했습니다. 한자의 독음뿐만 아니라 그 한자에 따르는 보조 용언과 조사를 표기하여 문장의 뜻을 바로 이해할 수 있게 하였습니다.

　이렇게 메모를 하기 위해서는 한자의 양 옆에 조그마하게 메모를 할 필요가 있었습니다. 당시 자리를 잡아가던 한자의 초서체가 바탕이 된 히라가나는 좀 복잡해 보였을 수 있습니다. 그래서 작은 기호로 기입하는 것이 알아보기도 좋고 간결하게 느껴졌을 것입니다. 이런 과정을 거쳐 한자에서 일부를 따서 표기하는 방식이 정착되었습니다.

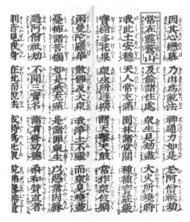

에도시대의 법화경(法華経)
(Wiki Taro 개인소장본)
*네모 표시는 필자에 의한 것임.

인용 자료는 에도 시대에 나온 법화경입니다. 네모 표시를 한 부분을 확대해서 살펴보겠습니다. 常在라는 한자를 예로 들어보면, 오른쪽에 히라가나로 'じゃうざい[조자이]'라고 쓰여 있고, 왼쪽에는 가타카나로 'ツネニアリ[쓰네니아리]'라고 쓰여 있습니다. 우리가 常在를 '상재'라고 발음하

는 것은 한자의 음으로 읽은 것입니다. 그 음은 오른쪽에 히라가나로 표기를 합니다. 그리고 왼쪽에 있는 'ツネニアリ[쓰네니아리]'는 常在의 뜻인 '항상 존재 한다', '항상 있다'를 뜻합니다. 다시 말해 한자의 뜻을 왼쪽에 가타카나로 표기를 한 것입니다. 처음에는 가타카나 기호만 가지고 읽는 방법을 표기했다가 나중에 뜻까지도 같이 표기를 하게 된 것입니다. 정리하면, 오른쪽에 있는 것은 전부 다 독음이고, 왼쪽에 있는 것은 전부 다 일본어의 뜻입니다. 그리고 굳이 뜻을 쓰지 않아도 이해가 되는 부분은 줄을 그어서 생략했습니다.

그런데 독음을 히라가나, 뜻을 가타카나로 표기하는 것은 현재의 한자의 음과 훈 표기법과는 정반대입니다. 현재는 독음을 가타카나, 뜻을 히라가나로 표기합니다. 이렇게 표기하는 이유는 독음

은 원래 중국의 한자음에서 온 것이라서 일본의 입장에서는 외래어이기 때문입니다. 외국에서 온 발음, 즉 외래어이기 때문에 가타카나로 표기합니다. 그리고 한자의 뜻이라고 하는 것은 일본어의 뜻을 말하는 것이기 때문에 히라가나로 표기합니다. 현재 우리는 가타카나를 외국어로 표기하는 것을 당연하게 생각하고 있지만, 에도 시대 때까지만 하더라도 그런 구분은 없었습니다. 에도 시대에는 무엇을 표기하든 히라가나가 기본이었습니다. 그리고 가타카나는 그저 기호일 뿐이었습니다. 필요에 의해서 옆에 메모하는 형식으로 썼던 것이 가타카나이기 때문에 한자를 어떻게 읽는지 알려주는 추가 정보인 것입니다. 한문을 모르는 사람들을 위한 기호가 가타카나였던 것입니다. 그것이 메이지 시대가 지나고 한자 사전이 나오면서 한번 정리가 되었습니다. 앞으로 한자의 음은 가타카나로 표기하자는 식으로 약속을 정하였고, 현재 그대로 사용되고 있는 것입니다. 한자의 뜻과 음을 나타내기 위해 사용되었던 히라가나와 가타카나의 쓰임이 과거와 현재가 다르다는 점은 이렇게 이해하면 되겠습니다.

가타카나의 사용

가타카나를 정리해 보겠습니다. 가타카나는 작고 빠르게 기입할 수 있다는 점에서 한자의 음이나 화훈(和訓)을 주기(注記)하기 위한 목적으로 사용되었습니다. 그래서 기호적, 부호적 성격을 지닌 문자라고 할 수 있고, 실제로 우리가 가타카나를 보았을 때 기호처럼 생겼다고 느끼는 이유도 바로 이것입니다.

현재 가타카나는 ①외래어를 표기할 때 사용합니다. 나아가 ②외국인 인명, 외국 지명 등의 고유 명사를 가타카나로 표기합니다. ③화제(和製) 외래어, 화제 영어를 표기할 때에도 사용하는데 이는 일본에서 만들어진 외래어입니다. 실제 외국에서 통용이 되는 외래어라기보다 일본에서 단어를 조합해서 만든 외래어라고 생각하면 됩니다. ④의성어와 의태어를 표기할 때와 ⑤한자의 독음을 표기할 때 사용합니다. 그리고 마지막으로 ⑥강조할 때 사용합니다. 강조할 때 가타카나를 사용하는 예는 다음과 같습니다.

히로시마에 갑니다.
(1) 広島に行きます。
(2) ヒロシマに行きます。

히로시마는 일본의 지명이기 때문에 (1)과 같이 한자로 표기합니다. 그런데 굳이 (2)와 같이 가타카나로 표기할 때가 있습니다. 그럴 때는 어떤 '의미'가 거기에 포함되어 있다고 생각할 수 있습니다. 즉, (1)과 같이 広島라고 쓰면 일반적인 '히로시마 시'를 말하는 것이고, (2)와 같이 ヒロシマ라고 가타카나로 쓰면 '원폭 피해를 입은 히로시마'를 지칭하는 것입니다. 강조할 때 사용하는 가타카나는 바로 이런 것입니다.

일본어의 외래어

일본어에서 외래어 표기는 가타카나로 합니다. 16세기에 포르투갈인이 선교 활동이나 상업 활동을 하기 위해서 일본에 들어왔습니다. 그러면서 포르투갈어를 일본 사람들이 접하게 되었고, 외래어가 자연스럽게 들어왔습니다. 시간이 흘러 17세기에서 19세기에 걸쳐서 영어나 프랑스어, 러시아어 등 외래어가 많이 들어오게 됩니다. 이렇게 들어온 외래어들이 일본어로 번역되면서 신조어가 많이 탄생했습니다. 그런데 번역을 하다보면 대응하는 일본어가 없을 때도 있었습니다. 어떤 단어에 대한 개념이 없을 때에

는 한자를 대입하기도 어려운 경우가 있었습니다. 이와 같이 신조어를 도저히 만들 수가 없을 때에는 외국 문물의 새로움이나 고급스러움을 강조하기 위해 발음나는 대로 가타카나로 표기하는 경우들도 있었습니다. 예를 들어 일본에서는 담배를 タバコ[tabaco]라고 합니다. 카스텔라는 カステラ(castela), 빵은 パン(pāo), 비옷은 カッパ(capa), 그네는 ブランコ(balanço), 단추는 ボタン(botão), 호박은 カボチャ(Camboja), 이러한 단어들이 모두 포르투갈에서 들어온 것으로 일본어의 다른 말로 바꾸지 않고 외래어로서 정착했습니다. 그리고 포르투갈에서 콘페이토(コンペイトウ(confeito))라는 과자가 들어와 선풍적인 인기를 끌었다고 합니다. 이 경우는 [콘페이토]라고 읽을 수 있는 한자를 대입시켰습니다. 그래서 金平糖이라는 표기가 등장하였고, 현재 이를 [콘페이토]라고 읽습니다.

　네덜란드에서 들어온 단어도 있습니다. 16세기 이후에는 난학(蘭学)이라는 네덜란드의 학문, 주로 의학이 중심이 된 학문이 많이 들어왔습니다. 그때 같이 들어온 단어들 중에 다음과 같은 단어가 있습니다. 알코올은 アルコール(alcohol)라고 하는데 본래는 아라비어라고 합니다. 렌즈는 レンズ(lens), 맥주는 ビール(bier), 일본 초등학생들이 매는 가방인 란도셀은 ランドセル(ransel), 커피는 コーヒー(koffie), 고무는 ゴム(gom), 펌프는 ポンプ(pomp), 가톨릭은

カトリック(katholiek) 입니다. 이 단어들도 네덜란드에서 유입되어 본래의 발음 그대로 사용되고, 가타카나로 표기를 했던 것입니다.

화제 외래어라고 하는 말이 앞에서 잠깐 나왔습니다. 화제 외래어는 일본에서 사용되고 있는 외래어 중 하나 이상을 토대로 만들어진 단어이면서 실제 그 나라 언어에는 존재하지 않는 단어를 말합니다. 쉽게 말해서 일본에서 만든 외래어입니다. 우리도 잘 쓰는 단어인 슈크림(シュークリーム)이 화제 외래어라고 합니다. 양배추를 나타내는 프랑스어인 シュー(chou)[슈]와 영어의 クリーム(cream)[크림]이 합쳐져서 슈크림이 되었다고 합니다. 또는 짧은 콩트(ショートコント)도 영어의 ショート(short)[쇼트]하고 프랑스어의 コント(conte)[콩트]가 합쳐져서 현재도 많이 사용되고 있습니다. 머리 묶는 머리끈 또는 고무줄을 헤어 고무(ヘアゴム)라고 하는데, 영어의 ヘア(hair)[헤어]와 네덜란드의 ゴム(gom)[고무]를 합쳐서 만든 단어입니다. 이런 화제 외래어도 외래어의 일종이기 때문에 가타카나로 표기하는 것이 일반적입니다.

그리고 화제 영어(和製英語)라는 것도 있습니다. 우리의 콩글리시(Konglish)와 유사합니다. 실제 영어권 국가에서는 다른 의미로 사용하거나 사용하지 않는 단어인데 영어처럼 사용하고 있는 것이지요. 구체적인 예를 따로 들지는 않지만 한국식으로 변형된 영어 표현인 콩글리시와 유사하다는 것만으로도 이해가 바로 되실 것이라 생각합니다.

한편, 일본어의 외래어 사용에 있어 독특한 점을 찾아볼 수 있습니다. 일본어 표현이 존재하고 있음에도 불구하고 굳이 외래어를 사용하는 경우가 있습니다. 다양한 사례를 찾아볼 수 있는데 몇 가지 대표적인 것을 살펴보겠습니다.

オーソドックスな料理[오소독스나 료리]는 오서독스(orthodox)한 요리, 즉 정통요리(正統料理)를 뜻합니다. 앞에서 외래어가 적절한 일본어로 번역되지 않을 경우에 발음나는 대로 가타카나로 표기한다고 했습니다. 그러면 이 오서독스, 즉 정통이라는 일본어는 없을까요? 그건 아닙니다. 정통이라고 하는 단어는 正統[세이토]라고 일본어에 분명히 있습니다. 그런데 일본에서는 정통요리를 지칭할 때 オーソドックスな料理[오소독스나 료리]라고 말합니다. 왜 그럴까요? 세련미를 나타내려 하는 의도도 있을 것입니다. 또는 정통요리라고 하면 '보다 더 전통적이고 유서 깊은 요리'라고 하는 이미지가 담겨 있기 때문이라고도 볼 수 있습니다. 이와 같은 심오한 뜻을 피하고 다소 부드럽게 표현하기 위해서 외래어를 남겨두는 것입니다.

オーソドックスな料理: 정통요리 [오서독스한 요리]

ハードな仕事: 힘든 일 [하드한 일]

キュートなキャラクター: 귀여운 캐릭터 [큐트한 캐릭터]

ハッピーな出来事: 행복한 일(사건) [해피한 일(사건)]

タフな仕事: 힘든 일 [터프한 일]

シャイな男: 샤이한 남자 [샤이한 남자]

アグレッシブな犬: 공격적인 개 [어그레시브한 개]

ポジティブな考え方: 긍정적인 생각 [포지티브한 생각]

ネガティブな考え方: 부정적인 생각 [네거티브한 생각]

외래어 사용 사례

ハードな仕事[하도나 시고토]는 하드(hard)한 일을 뜻합니다. 우리는 한국어로 '힘든 일'이라고 표현합니다. 그런데 일본에는 大変な仕事[다이헨나 시고토]라는 표현도 있는데 ハードな仕事[하도나 시고토]라는 표현을 사용하며, 이 표현이 의미가 더 와 닿고 부드럽습니다.

キュートなキャラクター[큐토나 갸라쿠타]는 큐트한 캐릭터, 즉 귀여운 캐릭터입니다. 캐릭터는 바꿀 단어가 없다고 하더라도, 귀엽다는 말은 かわいい[가와이]라는 표현이 있습니다. 그런데 か

わいいキャラクター[가와이 갸라쿠타]가 아니라 キュートなキャラクター[큐토나 갸라쿠타]라고 굳이 얘기합니다. 이렇게 '큐트'라는 외래어를 그대로 사용할 때 '귀엽다'보다 의미가 더 명확하게 전달되는 효과가 있는 것입니다.

행복한 일 또는 사건을 일본에서는 ハッピーな出来事[핫피나 데키고토]라고 합니다. 해피한 일, 즉 '해피'라는 외래어를 그대로 사용한 것이지요. 이 경우도 '행복'을 뜻하는 幸せ[시아와세]라는 단어는 있습니다. 하지만 幸せな出来事[시아와세나 데키고토]라고 하면 무언가 거창하게 느껴집니다. 인생에 있어서 엄청난 행복이 있었던 것 같습니다. 그보다는 가벼운 의미로 '행복한 일이 있었다', '즐거운 일이 있었다' 정도를 말할 때에는 ハッピー[핫피], 즉 '해피'라는 표현을 쓰는 것입니다.

터프한 일도 タフな仕事[타후나 시고토]라고 말합니다. 우리말에도 '터프'라는 표현은 자주 사용하는 것 같습니다. 마찬가지로 쑥스러움을 많이 타는 남자를 シャイな男[샤이나 오토코], 즉 샤이한 남자라고 합니다.

공격적인 개는 외래어를 그대로 사용해서 アグレッシブな犬[아그렛시브나 이누]', 즉 '어그레시브(aggressive)한 개'라고 합니다. 공격적이라는 단어가 일본어에도 있습니다. 하지만 攻撃的な犬

[고게키테키나 이누]라고 하면 뉘앙스가 좀 달라지는 것 같습니다. 상당히 부정적인 느낌이 든다고 할까요. 그런데 어그레시브 (aggressive)를 사용하면 부정적인 정도가 좀 약하게 느껴집니다. '일반적인 개보다 조금 공격적인 개' 정도의 의미로 받아들여지는 것 같습니다.

긍정적인 생각은 ポジティブな考え方[포지티브나 간가에카타], 즉 '포지티브(positive)한 생각'이라고 합니다. 요즘은 '생각'도 외래어 그대로 シンキング[신킨구]이라고 합니다. 다시 말해 ポジティブシンキング[포지티브 신킨구]입니다. 일본에서는 보통 일상용어로 많이 사용합니다. 반대말인 부정적인 생각도 ネガティブな考え方[네가티브나 간가에카타], 즉 '네거티브(negative)한 생각'입니다. 이 역시 シンキング[신킨구]을 사용해서 ネガティブシンキング[네거티브 신킨구]라고도 합니다. 두 경우 모두 '긍정'을 뜻하는 肯定[고테이], '부정'을 뜻하는 否定[히테이]라는 단어가 있지만, 肯定的な考え方[고테이테키나 간가에카타], 否定的な考え方[히테이테키나 간가에카타]와 같이 '긍정'과 '부정'이라는 한자어를 사용하면 딱딱한 느낌을 줍니다. 그래서 일상용어로서는 포지티브(positive) 또는 네거티브(negative)라고 가볍게 사용하는 것입니다.

이렇게 외래어를 많이 쓰고 이에 따라 가타카나를 많이 사용하다 보니 일본어를 학습하는 입장에서는 공부하기가 상당히 어렵습니다. 앞에서도 말했지만, 일본어 공부를 처음 시작할 때 히라가나를 공부하며 히라가나의 50음도를 모두 외웁니다. 히라가나를 모두 다 외워서 1차적인 만족감을 느끼는데 그 시점에서 '나는 다 했다', '이제 일본어를 공부할 수 있겠다'고 생각을 하지만, 가타카나라고 하는 높은 장벽이 그 앞을 가로막고 있습니다. 여기에서 1차적으로 많이들 포기합니다. 설상가상으로 현재는 가타카나, 외래어를 사용하는 비중이 높아졌습니다. 일본어 학습자들에게는 난관이 아닐 수 없습니다. 하지만 개인적으로 가타카나를 제대로 배우지 않으면 현대 일본어를 제대로 구사하기 어려운 시대라고 생각합니다. 그만큼 가타카나를 사용하는 비중이 높아졌습니다.

일본어 표기 특징

일본어 표기의 특징 중 마지막 특징은 외래어를 표기할 때 독특한 표기법이 존재한다는 점입니다.

'올림픽'이라고 하는 단어가 있습니다. 올림픽은 オリンピック

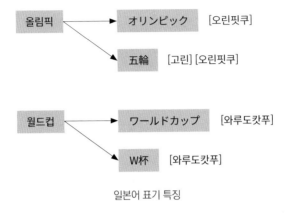

일본어 표기 특징

[오린핏쿠]라고 가타카나로 표기하고 발음합니다. 그런데 올림픽을 다르게 표기할 수 있습니다. 바로 五輪[고린]입니다. 이 두 가지 표기법은 공존하고 있습니다. 신문을 보면 五輪[고린]이 더 많습니다. 왜냐하면 여섯 개의 문자가 사용된 オリンピック[오린핏쿠]보다 두 개의 문자가 사용된 五輪[고린]이 지면을 덜 차지하기 때문입니다. 물론 두 개 문자라서 가독성(可読性) 면에서도 좋습니다. 더욱 독특한 점은 五輪이라고 쓰고 ごりん[고린]이라고 읽거나 オリンピック[오린핏쿠]라고 읽는다는 점입니다. 앞에서 말했다시피 日本이라고 쓰고 にほん[니혼]이라고 읽기도 하고 にっぽん[닛폰]이라고 읽기도 합니다. 아주 드문 사례지만 ジャパン[자

판]이라고 영어로 읽기도 합니다. 그러니까 어떻게 읽는지는 상관이 없는 것입니다. 五輪도 마찬가지로 ごりん[고린], 또는 オリンピック[오린핏쿠]라고 읽을 수 있습니다.

월드컵은 ワールドカップ[와루도캇푸]라고 합니다. 일곱 개의 문자로되어 있습니다. 그런데 월드컵도 다른 표기법이 있습니다. 바로 W杯입니다. 杯(盃)[하이]는 '대통령 배'와 같이 대회를 뜻하고, W는 월드를 뜻합니다. 그렇다면 W杯를 어떻게 읽으면 될까요? 그대로 읽으면 W杯[다부류하이]라고 읽어야 할 것 같지만 일본에서는 ワールドカップ[와루도캇푸]라고 읽습니다.

이처럼 일본에서 한자가 사용되었을 때 읽는 방법이 매우 난해합니다. 여러 가지로 읽을 수 있기 때문입니다. 우리와 그 점이 가장 큰 차이점이고, 그렇기 때문에 일본어를 공부할 때 가장 명심해야 할 부분이 바로 한자입니다. 특히 고유명사, 그 중에서도 사람의 이름이나 지명의 경우는 한 번 더 확인을 해야 됩니다. 사람의 이름은 성과 이름으로 구성되는데, 성의 경우는 가문을 뜻하는 것이니 읽는 법을 알 수가 있습니다. 간혹 특이한 발음이 있지만 그래도 대체로 알 수 있습니다. 그런데 이름은 정말 알기가 어렵습니다. "어떻게 이렇게 읽을 수 있어?"라는 질문이 나올 정도로 정말 터무니없게 읽는 경우도 있습니다. 그렇기 때문에 혹시 일본 사람을 만나서 명함을 주고받게 된다면, "이 이름은 어떻게 읽습니까?"라고 반드시 확인해야 합니다.

일본어에서 한자와 뜻 그리고 음에는 나름대로 규칙은 있지만, 작성하는 사람이나 읽는 사람에 의해서 자유롭게 바꿔서 읽을 수도 있습니다. 그래서 일본어를 공부하다가 한자를 봤을 때 어떻게 읽는지 잘 모르는 경우가 생기는데, '이건 올림픽을 뜻하는 것이니 올림픽이라고 읽으면 되겠지'라고 생각을 해도 됩니다. 결과적으로 뜻이 통하면 되는 것이니까요.

한자 사용의 기본적인 규칙, 한자의 음은 중국에서 들어온 외래어이니 가타카나로 표기하고, 뜻은 본래 일본 고유의 뜻이니까 히라가나로 표기한다는 규칙만 알고 있으면 됩니다.

이상, 히라가나와 가타카나를 중심으로 살펴보았습니다. 일본의 문자 세계는 크게 두 가지로 나눌 수 있으며, 첫 번째는 히라가나와 가타카나로 구성된 고유의 문자이고, 두 번째는 한자로 구성된 외래 문자입니다. 그런데 일본의 고유 문자도 사실은 한자를 모자로 삼은 것, 즉 기본은 한자에서 온 것입니다. 현재 일본에서는 고유의 문자와 한자가 같이 쓰이고 있습니다. 같이 쓰인다는 것 자체가 어색한 것이 아니라는 점, 일본의 문자가 기본적으로 한자를 바탕으로 해서 형성되었다는 점을 염두에 두어야 할 것입니다.

제5장

일본의 한자(1)
―상용한자(常用漢字)와
이체자(異体字)

일본 고유의 문자라고 하면 히라가나, 가타카나를 떠올리지만 이 고유의 문자조차도 한자에서 왔습니다. 그리고 일본어는 일본 고유의 문자와 한자를 병용합니다. 고유의 문자 자체가 한자에서 왔다는 것은 이 둘은 뗄 수 없는 관계에 놓여 있음을 의미합니다.

상용한자(常用漢字)라는 말은 들어보셨지요? 현재 상용한자는 2,136자가 지정되어있습니다. 처음부터 2,136자였던 것은 아니고 계속 바뀌어 왔습니다. 그 숫자가 계속 변화하다가 2010년에 현재의 2,136자로 정해졌습니다. 앞으로 언제 또 바뀔지 모르겠습니다. 당시에 196자가 추가되었고 5개의 글자가 제외되었습니다. 196자가 추가된 것은 많이 사용하고 있기 때문에 추가가 된 것이고, 5자가 제외된 것은 그다지 사용하지 않는 한자이기 때문에 상용한자로서의 기능을 하지 못하게 되어 제외된 것입니다.

당용한자(当用漢字)

상용한자를 살펴보기 전에 먼저 당용한자(当用漢字)를 설명하고자 합니다. 당용한자표(当用漢字表)가 만들어진 것은 1946년입니다. 1946년에 2차 세계대전이 끝난 후에 당용한자표라고 하는 것이 만들어졌습니다. 처음 당용한자의 필요성을 주장한 사람은 일본인이 아니라 외국인이었습니다. 연합군 총사령부에서 '일본어에는 지금 사용하고 있는 한자가 너무 많다. 그래서 이를 이해하기가 너무 어려우니까 일본 국민들에게 있어서도 식자율(識字率)을 높이는 데 방해 요소가 된다. 그러니까 일본어가 아니라 알파벳이나 로마자 등을 배워야 한다.'라는 문제를 제기했다고 합니다.

장기적으로 한자를 폐지해야 된다는 주장을 펼친 것입니다. 그래서 당시에 많이 사용하던 한자만 남긴다는 취지로 1,850자를 당용한자로 채택하고 나머지는 모두 표외 한자로 취급하였습니다. 즉, 당용한자표에 들어있지 않은 한자는 사용에 제한을 두겠다는 목적으로 만들어진 게 바로 당용한자입니다. 1946년 11월 16일 내각에서 이를 고시하였습니다. 결과적으로 당용한자만 사용하라고 말한 것과 다름이 없는데, 이는 일본인이 아니라 외국인이 주장한 것이었습니다. 하지만 일본 내에서는 이를 받아들이기 어려웠습니다. 그리고 로마자나 영어를 사용해야 한다는 주장도 나왔는데 이는 이때 처음 나온 것은 아닙니다. 1800년대 후반에 일본 사람들 중에서도 이런 움직임이 있었습니다. 이에 관해서는 뒤에서 설명하겠습니다.

결국 당용한자라는 개념이 나타났을 때에는 한자를 사용하지 말아야 된다는 목소리가 나왔습니다. 그런데 1948년이 되면 분위기가 조금 바뀝니다. 1946년 당시에는 앞으로 한자를 사용하지 말자는 취지로 당용한자표를 만들었는데, 2년 정도 지난 후 실제로 일본 사람들이 한자 때문에 식자율이 낮다는 것을 증명하기가 어렵다는 조사 결과가 나온 것입니다. 1948년에 일본인의 읽고 쓰는 능력을 조사했는데, 당시 일본인의 식자율은 매우 높았습니다. 한자가 많이 사용된다거나, 한자 학습 때문에 읽고 쓰는 능력이 저해된다는 것은 직접적인 관련이 없다는 결과가 나온 것입니다. 그래서 한자 사용을 제한해야 한다는 의견은 이때 사라졌습니다. 그 다음 해에는 당용한자 음훈표(当用漢字音訓表)를 만들어 한자의 음과 훈을 어떻게 발음해야 하는지를 나타냈습니다. 그리고 당용한자 자체표(当用漢字字体表)는 글자체를 어떻게 표기하면 좋을지를 나타낸 표입니다. 이때 신자체(新字体)가 제정됩니다. 일본어 한자를 보면 우리가 알고 있는 한자와 다르다는 것을 알 수 있습니다.

신자체가 본격적으로 제정된 것이 1949년이고 구자체(旧字体)의 사용을 제한하기 시작했습니다. 이때까지 사용되던 구자체는 『강희자전(康熙字典)』에 나오는 글자체가 중심이 되는데 옛날부터 사용되던 한자의 사용에 제한을 두게 된 것입니다. 처음 당용한자를 제정한 해로부터 약 2~3년이 지나고 나서는 한자 사용에 제한

을 두는 것보다는 앞으로 어떻게 효율적으로 사용하면 좋을지에
초점을 둔 것이라 볼 수 있습니다.

1973년에 이르러 당용한자 개정음훈표(当用漢字改定音訓表)라
는 개정안이 또 발표됩니다. 당시에 많이 사용되는 음훈으로 정리
한 것입니다. 이러한 과정을 거쳐서 당용한자가 정립되고 이후에
상용한자가 제정됩니다.

상용한자(常用漢字)

상용한자는 국립국어원 『표준국어대사전』에 따르면 '일상생
활에서 흔하게 쓰는 한자'라고 정의되어 있고, 일본에서도 당연히
일상생활에서 많이 사용하는 한자를 말합니다.

1981년 10월에 내각 훈령(訓令) 및 고시(告示)로 발표되었습니
다. 이때 처음에는 1,945자가 발표되었습니다. 앞서 설명한 당용
한자라는 것이 먼저 존재했었고, 그 당용한자를 한 번 정리를 해
서 1,945자로 추려서 1981년에 발표한 것이 상용한자의 시작인 것
이지요. 비교적 최근입니다.

그리고 2010년에 상용한자표가 개정되었습니다. 지금은 2,136

일본의 문자 세계

자의 한자가 상용한자로 지정되어 있습니다. 이 2,136자의 한자 이외의 한자를 표외(表外) 또는 상용외(常用外) 라고 합니다. 일상에서 흔하게 사용하는 한자를 정한 것이기 때문에 2,136자의 한자가 주로 사용되고 있지만 물론 이 한자만 사용한다는 뜻은 아닙니다. 초기에 당용한자가 제정되었을 때와는 그 취지 자체가 달라진 것입니다.

그렇다면 2,136자의 한자는 언제 배울까요? 일본에서는 초등학교, 중학교의 의무교육 과정에서 다 배웁니다. 초등학교 1학년에서 6학년 때까지 1,026자를 학습하고, 중학교 때 그 나머지를 배웁니다. 다시 말해 초등학교와 중학교 모두 합쳐 2,136자를 모두 배우는 것입니다. 일본의 교육 방침을 조금 더 자세히 들여다보면, 초등학교 때 1,026자를 다 배우고 중학교 때 이를 제대로 활용하는 방법을 습득합니다. 그러니까 초등학교 때 한자를 배우고, 중학교에 들어가 이를 잘 쓸 수 있게 학습하고 동시에 나머지 1,110자의 한자를 새롭게 배우는 것입니다. 그리고 고등학교에 올라가서 나머지 1,110자의 한자를 제대로 쓸 수 있게 학습합니다. 이렇게 초중고 과정 동안에 2,136자를 무리 없이 사용할 수 있게 학습합니다. 우리의 교육부에 해당하는 문부과학성(文部科学省)에서 한자 교육의 방침으로 이와 같이 내세우고 있습니다.

모든 상용한자를 의무교육 기간에 배우게 됩니다. 기본적으로 상용한자를 알고 있으면 일본어를 이해하는 데 큰 어려움이 없다고 합니다. 따라서 우리나라에서 일본어를 공부할 때도 상용한자를 먼저 학습하고 나면 일본어를 학습하는 데 매우 큰 도움이 됩니다. 혹시라도 일본어를 배우고 싶은 사람이 있으면 상용한자를 함께 공부하는 것을 추천합니다.

상용한자표를 보면 본표(本表)가 있습니다. 페이지 수가 아주 많습니다. 'あ[아]'부터 시작되어 50음도 순으로 표기되어 있는데 한자가 쭉 나열되고 음훈 표기를 하고 있습니다. 가타카나 표기는 음, 히라가나 표기는 훈입니다. 한자의 음과 훈이 이 표에 있는 것처럼 몇 개만 있는 것은 아니지만 상용한자표에 들어가는 기본적인 음과 훈은 지정되어 있습니다. 그리고 예시에는 대표적인 단어 예시가 들어갑니다. 비고에는 일반적인 발음과는 다르게 읽는 것을 표기합니다. 愛(사랑 애)를 예로 들면, 이 한자를 일본에서 'あい[아이]'라고 읽습니다. 그래서 愛情[아이조], 愛読[아이도쿠] 또는 寵愛[레이아이]와 같은 사례가 나와 있고 그 옆에 비고가 달려 있습니다. 愛媛[에히메]라는 지명에 愛(사랑 애)가 있는데 이걸 'あい[아이]'라고 읽지 않고, 'え[에]'라고 읽는다는 사실도 기록되어 있습니다. 이와 같이 상용한자표에 지정되어 있는 음훈과는 다르게

쓰이는 표현, 하지만 지명과 같이 바꿀 수 없는 예외적이면서 대표적인 표현을 비고에 표기해 두었습니다.

또한 비고는 다음과 같은 경우에도 기입합니다. 우편물을 보낼 때 받는 사람에게 '充てる·当てる[아테루]'라는 동사를 사용합니다. 그런데 이 동사는 '누구누구에게 보내다'라는 뜻 말고 '해당되다' 또는 '충족되다'라는 뜻으로도 사용합니다. 똑같이 발음을 하더라도 한자가 다른 경우에는 비고에 표기합니다. 이러한 경우 한자를 표기하지 않으면 문장 안에서 무슨 뜻인지 이해하기가 어렵습니다. 따라서 의미가 다르다는 사실을 명확하게 표기해주어야 합니다.

衣도 일반적으로 음은 'い[이]', 훈은 'ころも[고로모]'이며, 옷을 뜻합니다. 그런데 浴衣라고 쓰면 발음은 [유카타]입니다. 유카타는 일본에서 여름에 입는 전통 의상입니다. 衣만 놓고 보면 일반적인 발음과는 다릅니다. 'い[이]'라고 읽지 않지요. 이는 예외적인 표현이면서 일상에서 많이 사용하는 경우에 해당되는데 이럴 때 비고에 기입하는 것입니다. 이와 같이 상용한자표의 본표는 한자 – 음훈 – 예시 - 비고 순서로 구성되어 있습니다.

상용한자의 범례

다음으로 상용한자의 범례를 살펴보고자 합니다.

1. 이 표는 법령, 공용문서, 신문, 잡지, 방송 등 일반 사회생활에서 현대 국어를 써서 나타낼 때 한자 사용의 기준을 제시하는 것이다.
2. 이 표는 과학, 기술, 예술, 그 외 각종 전문분야나 개개인의 표기에까지 제한을 두는 것은 아니다. 단, 전문분야일지라도 일반 사회생활과 밀접한 관련이 있는 표기에 대해서는 이 표를 참고하길 바란다.
3. 이 표는 도도부현(都道府県) 이름에 사용되는 한자 및 그에 준하는 한자를 제외하며, 고유명사를 대상으로 하는 것이 아니다.
4. 이 표는 과거의 저작이나 문서의 한자 사용을 부정하는 것이 아니다.
5. 이 표의 운용에 있어서 개개의 사정에 따라 적절한 고려가 가해질 수 있다.

(일본 문화청 상용한자표 서론[1])

---

1   常用漢字表 (平成22年内閣告示第2号)
https://www.bunka.go.jp/kokugo_nihongo/sisaku/joho/joho/kijun/naikaku/pdf/joyokanjihyo_20101130.pdf

상용한자는 일반 사회생활에서 사용하는 한자 사용의 기준을 제시하는 것입니다. 에도 시대, 메이지 시대, 쇼와 시대 초기까지 한자가 정말 많이 사용되었습니다. 그런데 그 기준이 딱히 없었습니다. 그래서 기본적으로 차자 방식으로 유입된 한자를 일본어에 적용시켜서 사용해 왔고 명확한 기준이 없어 한자 발음이 비슷하면 그 한자를 그대로 사용하는 방식으로 표기했습니다. 그러다 보니 한자 사용에 있어 다양한 사례가 늘어나고 혼란스러워졌습니다.

현대 사회에 이르러서는 기준을 제시해야 할 필요가 있었습니다. 하지만 그렇다고 해서 전문 분야나 개개인의 표기에까지 제한을 두는 것이 아닙니다. 과학기술, 예술 분야 등의 전문분야, 그리고 이름과 같은 개개인의 표기에까지 상용한자를 모두 적용하자는 것이 아니라는 것입니다. 이름에 사용하는 한자는 물론 있습니다. 이름에서만 특별하게 사용하는 한자를 따로 정리한 표도 있습니다. 일본어에서는 한자의 발음을 융통성있게 붙일 수 있습니다. 나름대로 의미 있게 발음하는 것이지만 우리처럼 한자에 정해진 독음과 뜻이 있어서 그대로 적용되는 것은 아닙니다. 그래서 일본 사람 이름을 읽기가 상당히 어렵습니다. 성은 가문을 뜻하는 것이기 때문에 어느 정도 읽을 수가 있습니다. 하지만 이름은 그 사람에게 물어보기 전에는 읽기가 상당히 어렵습니다. 누구나 알 수 있을 법한 발음을 제외하고는 어렵습니다. 즉, 여기에서 개개인의 표기라고 하는 것은 이름을 얘기하는 것이며 그것까지 상용한자표에서 지정해줄 수는 없다는 것입니다.

다음으로 도도부현(都道府県) 이름에 사용되는 한자를 제외한다고 되어 있는데, 이것 역시 상용한자에 맞춘다고 지명 자체를 바꿀 수는 없으므로 제외한다는 말입니다. 하지만 고유명사를 대상으로 하는 것이 아니라는 단서도 달아 두었습니다. 즉 일본어에서는 고유명사는 고유명사 그대로 읽습니다. 또 중요한 것은 과거의 저작이나 문서의 한자 사용을 부정하는 것이 아니라는 점입니다. 상용한자가 지정이 되고 현재 신자체를 사용한다고 했을 때에도 시대에 나온 책들은 다 구자체로 쓰여 있으니 상용한자에 맞게 표기가 되어 있지도 않다고 볼 수 있겠지요. 그런 경우에 과거의 것들은 모두 부정하는 건가라는 의문을 가질 수 있는데 절대 그런 것은 아닙니다. 이 표는 현대의 한자 활용을 더 원활하게 하기 위해서 만든 것일 뿐입니다. 그리고 여기에 쓰여 있는 2,136자의 한자는 일본에서 일상생활을 하는 데 있어서 꼭 필요한 한자들이기 때문에 교육적인 측면에서도 이를 만들 필요가 있었던 것입니다.

마지막으로 개개의 사정에 따라 적절한 고려가 가해질 수 있다는 말은 융통성 있게 가능성을 열어둔 표현이라고 할 수 있습니다. 표를 반드시 따라가기보다 고유명사, 이름이나 그 밖의 다양한 부분에 있어서 적절한 고려를 가해도 무방하다는 것을 명기해 두고 있습니다.

한자표의 역사

今野真二(2015)『常用漢字の歴史』中央公論新社, p.59 참조.

한자표	제정처	제정일	한자수
小学校令施行規則第三号表	文部省	1900년 8월	1,200자
常用漢字表	臨時国語調査会	1923년 5월	1,963자
修正常用漢字表	臨時国語調査会	1931년 5월	1,858자
標準漢字表	国語審議会	1942년 6월	2,528자
修正標準漢字表	国語審議会	1942년 12월	2,669자
当用漢字表	国語審議会	1946년 11월	1,850자
当用漢字別表	国語審議会	1948년 2월	881자
常用漢字表	国語審議会	1981년 10월	1,945자
改定常用漢字表	文化審議会	2010년 6월	2,136자

한자표의 역사

2010년 6월에 현재의 상용한자표가 만들어졌는데 과정을 보면 이렇습니다. 1900년 8월에 우리의 교육부에 해당되는 문부성에서 '소학교령 시행규칙'이라고 하는 표를 작성합니다. 여기에 수록된 한자 수가 1,200자입니다. 초등학교에서 가르치면 좋을 한자라고 보면 됩니다. 그 후에 상용한자표라는 이름으로 1923년에 하나 제정되었습니다. 임시국어조사회라는 곳에서 1,963자를 추려서 상용한자표라는 표를 만듭니다. 그리고 1931년에 이를 수정해서 1,858자로 줄입니다. 이렇게 우리가 일상생활에서 많이 사용하는 한자를 계속 추려내는 과정이 있었습니다.

　　그러다가 1942년에 국어심의회가 표준한자표를 만들게 됩니다. 이때는 수가 확 늘어나 2,528자 중에서 한자를 어떻게 사용하면 될지, 어떤 한자를 주로 사용하면 될지 논의가 쭉 있어 왔습니다. 그런데 명확한 규칙이 정해지지는 못했습니다. 현재 상용한자표라고 정해진 것은 1981년에 만들어진 표에서 1,945자가 명확하게 제정이 된 것입니다. 그 이전부터 다양한 논의가 있어 왔지만 많은 사람들이 인지하지 못하였고, 그 표에 따르거나 하지도 않았습니다. 2,669자까지 늘어난 적도 있었고, 당용한자라고 하는 것도 나왔지만, 계속적인 변동을 거듭한 끝에 현재 2,136자가 정착하게 되었습니다.

『한자정리안(漢字整理案)』

일본에서 사용하는 한자 표기
가 우리 표기와는 많이 다릅니다.
상용한자 표에서 현재는 신자체
와 구자체를 구별하여 구자체와
함께 신자체도 병기하고 있습니
다. 한자를 어떻게 사용해야 하는
지에 대한 명확한 안을 제시하고
있다고 볼 수 있습니다. 그런데
그 이전에 문부성에서 『한자정리
안(漢字整理案)』을 발표하여 일본
에서 한자를 어떤 식으로 사용을

『한자정리안』
(일본 국립국회도서관 소장,
청구기호 331-144)

해야 하는지, 어느 한자를 사용하고 사용하지 말아야 하는지를 정
리한 적이 있습니다.

1919년 12월에 발표된 것입니다. 『한자정리안』이라는 것을 발
표하게 된 계기는 당시 사용되는 한자를 보니 그 자형, 음문 및 용
법 등을 정리할 필요가 있다는 이유 때문입니다. 이는 『한자정리
안』 서문에 나오는 말입니다. 그러니까 1919년이라고 하면 메이

지 시대, 다이쇼 시대, 그리고 근대에 들어서인데, 한자가 많이 사용되는 상황에서 정리가 필요했던 것입니다. 에도 시대 때까지만 해도 한자 사용에 있어서 규칙이 있었다고 보기는 어렵기 때문에 이것을 더 많은 사람들이 잘 사용하기 위해서는 규칙을 정할 필요가 있었습니다.

> 본 안은 심상소학교(尋常小学校)의 각종 교과서에 사용되는 한자 2600여 자를 『강희자전』을 기반으로 정리한 것으로 대략 자획의 간결함과 운필(運筆)의 편리함을 취하고 자형의 균형을 맞추어 소이(小異)한 합동(合同)을 목적으로 한다.
>
> (『한자정리안』 범례)

심상소학교는 당시 초등학교를 뜻합니다. 한자를 처음으로 가르치는 교육 기관에서 사용되는 한자 2,600여 자입니다. 현재의 상용한자보다 조금 많은 정도의 수치인데, 이를 『강희자전』을 기반으로 정리한 것입니다. 『강희자전』은 1716년에 성립이 된 자전이고 여기에 수록되어 있는 한자는 49,030자나 된다고 합니다. 상당히 많은 수의 한자가 수록되어 있는데 사실 일본어의 한자 사전의 규범이 된 것이 바로 『강희자전』입니다. 이를 기반으로 한자 사전을 만든 것입니다.

'자획의 간결함', 그리고 '운필의 편리함'을 취한다는 점을 주목하고 싶습니다. 한자는 쓰기 편해야 한다는 말입니다. 한자는 '자형의 균형을 맞추어 소이한 합동을 목적으로 한다'는 크게 다르지 않고 거의 동일하게 쓰는 것을 목적으로 한다는 뜻입니다.

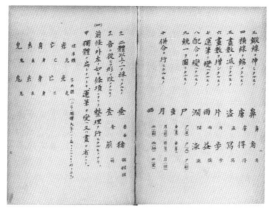

『한자정리안』
(일본 국립국회도서관 소장, 청구기호 331-144)

본안의 정리 방침은 간편함을 주된 목적으로 하고 관용을 중요시하며 활자체와 수서체(手書体)를 일치시키는 데 있다.

(『한자정리안』 범례)

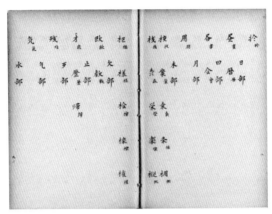

『한자정리안』허용체안
(일본 국립국회도서관 소장, 청구기호 331-144)

결국 쓰기 편해야 한다는 것이지요. 『한자정리안』에서 제안하는 한자체를 보면 간결함을 강조하고 있다는 것을 알 수 있습니다. 쓰기 편한 한자를 제시하고 있습니다. 손으로 썼을 때 쓰기 편한 것을 추구한다고 하는 것이 특징입니다. 세로선 또는 가로선을 생략하거나 합치거나 또는 횟수를 줄이거나 늘리거나 해서 더 쓰기 편하게 만드는 것입니다. 붓 또는 펜의 움직임을 더 간결하고 간편하게 바꾸는 것입니다. 그래서 우리가 한자를 보았을 때 신자체와 구자체의 차이를 넘어서서 상당히 간결하게 쓰려고 노력한 부분을 찾아볼 수가 있는 것입니다.

『한자정리안』 중에서도 허용체라고 하는 것은 '이렇게 간결하게 써도 그것을 허용하겠다'는 것을 명시해 두는 것입니다. 『한자정리안』에서 제안을 한 것이 아니라 당시에 많이 사람들이 사용하고 있었던 한자의 모양을 정리해 놓은 것입니다. 다만 이것을 공식적으로 허용하겠다는 취지로 수록한 것이라 볼 수 있습니다. 현재 우리가 허용체를 쉽게 확인하는 방법은 한글 소프트를 비롯한 각종 소프트웨어에서 '신명조 약자'를 사용하면 됩니다.

　한자체가 다르다고 해서 구자체는 아예 사용하지 않는 것은 아니고 경우에 따라서 구자체를 사용하기도 합니다. 어떤 특별한 의미가 부여되어 있는 경우, 예를 들어 國의 경우는 일본에서는 玉을 안에 넣어서 国 와 같이 사용하고 있는데, 구자체를 사용하는 경우도 있습니다. 이 경우는 일본의 전통이나 역사성이 강조가 될 경우입니다. 전통성 또는 그런 의미가 부여되는 경우 구자체를 사용합니다. 과거부터 사용되었던 지명의 경우에도 굳이 신자체로 바꾸지 않고 그대로 남겨놓는 경우가 있습니다. 상황에 따라 필요하면 구자체를 사용하는 것입니다.

일본어와 로마자

1946년에 당용한자를 제정해서 많이 사용하는 한자를 따로 정하자는 의견이 있었습니다. 그 이전부터 그런 얘기들은 계속 있어 왔고, 상용한자표와 같이 한자를 지정하고자 하는 시도가 계속 있었습니다. 1946년 당시 한자 사용을 줄여나가야 된다는 의견이 나오면서 함께 제기되었던 것이 앞으로 로마자를 활용해서 일본어를 표기해야 한다는 의견입니다. 그 의견이 그때 처음 나온 것은 아니었고, 사실은 일본 내부에서도 로마자를 사용해야 한다는 움직임이 있었습니다.

1880년대 즈음에 '로마자론', 즉 로마자를 사용하자는 의견이 본격적으로 나오기 시작했는데 그 이유는 명확합니다. 1880년대라고 하면 메이지 정부가 들어서고도 시간이 좀 흘렀고, 일본이 근대화를 적극적으로 추진하던 시기입니다. 그래서 서양의 문물이 많이 들어오고, 서양 사람들도 일본을 많이 방문하고, 일본인들도 서양으로 많이 나가던 시기입니다. 그때 전통적인 일본 가나 문자와 한자를 사용하는 것이 근대화를 이루는 데에 방해가 된다고 생각하는 사람들이 등장했습니다. 이렇게 주장했던 사람들은 세계화를 이루기 위해서는 알파벳을 사용해야 한다는 식으로 주장을 했습니다. 결과적으로는 한자 사용이 일본인의 식자율을 떨어뜨리지 않는다, 그것과는 상관없다고 결론이 났지만, 근대화를 추진하던 당시만 하더라도 그것이 방해 요소가 된다고 생각을 했었습니다. 그래서 일본어 표기를 아예 알파벳으로 하자는 로마자 운동이 일어났던 것입니다.

로마자 표기는 영어 표기와는 다릅니다. 일본어를 알파벳으로 어떻게 표기하는가에 초점이 맞추어져 있기 때문입니다. 예를 들어 영어의 ti는 [티]라고 발음하는데 일본에서는 'ち[치]'라고 읽습니다. 그럼 [티]라고 발음할 수 없는가? 그것도 아닙니다. 'てぃ'라고 쓸 수도 있고 [티]라고 읽을 수도 있습니다. 그런데 [치]입니다. 이렇게 되는 이유는 일본 사람들이 처음에 로마자를 공부할 때 일본어로 표기하도록 배우기 때문입니다. 현재 일본인의 영어 발음이 어색하다고 느껴지는 것은 바로 이 로마자 때문입니다. 많은 이들이 이를 두고 '로마자의 폐해'라고 이야기합니다.

결국 로마자 운동이라는 것이 성공하지는 못했지만, 그렇다고 완전히 현대 사회에서 사라진 것은 아닙니다. 일본어를 표기할 때 가나와 한자를 사용하고 있습니다. 그런데 사람들은 컴퓨터로 일본어를 입력할 때 두 가지 방식을 사용합니다.

첫째, 일본어를 그대로 자판으로 입력하는 경우인데, 이는 우

리 한글 자판과 유사합니다. 한글은 자음과 모음을 조합해서 쓰고, 일본어는 단일 문자이기 때문에 문자가 모두 자판에 표기되어 있습니다. あ를 누르면 あ, か를 누르면 か와 같이 입력할 수 있습니다.

둘째, 로마자로 입력하는 경우입니다. か를 입력하고 싶으면 ka를 치는 방식입니다. 로마자를 이용해 일본어 문자로 변환하는 것입니다. 대부분의 일본인이 로마자 변환 방식을 선호합니다. 그게 더 편리하다고 느끼는 것이지요. 실제로 손으로 쓸 때는 일본 문자와 한자를 쓰지만, 자판을 칠 때는 로마자를 사용합니다. 그래서 일본에서 로마자는 완전히 사라지지 않았다고 할 수 있습니다.

이처럼 '로마자를 써야 한다', '한자를 없애야 한다'와 같은 과정을 거쳐 왔으면서도 현재 상용한자표가 활용되고 한자를 계속 사용해야 한다는 움직임이 우세한 것으로 보면, 일본에서 한자 사용이 없어지지는 않을 것 같습니다. 앞에서 설명했듯이 가시적인 관점으로 일본어 문장을 봤을 때 한자가 하는 역할도 분명히 있기 때문에 한자를 없애고 로마자로 표기하는 일은 없을 것이라 생각됩니다.

이체자(異体字)

　이체자(異体字)는 말 그대로 같은 뜻을 가지지만 모양이 다른 한자입니다. 비단 일본에만 있는 것이 아니라 한국이나 중국에도 이체자는 많이 존재하고 있습니다. 그래서 일본만의 특징이라고 말하기는 어렵지만, 일본에서만 사용하는 이체자도 있습니다.

　이체자는 한자체 중에서 표준자체 이외의 것을 말하고, 이체문자(異体文字), 별체자(別体字), 변체자(変体字)라고도 합니다. 이체자의 특징을 정리해보면 다음과 같습니다.

> 1) 약자(略字): 자획을 생략한 것　ex) 幅 → 巾
> 2) 합자(合字): 두 자를 합친 것　ex) 麻呂 → 麿
> 3) 분자(分字): 한 자를 분할한 것　ex) 米 → 八十八
> 4) 고자(古字): 고체자(古体字)　ex) 四 → 亖
> 5) 속자(俗字): 세간에서 통용되는 것　ex) 逃 → 迯

　첫째, 약자(略字)는 자획을 생략해서 간결하게 쓴 것을 말합니다. 幅은 일본어로 'はば[하바]'라고 읽는데, 이를 巾으로 쓰는 경우에도 똑같이 'はば[하바]'라고 읽고 의미도 똑같습니다. 巾은

'수건'의 의미를 당연히 지니고 있지만, 幅의 의미도 함께 지니고 있는 것이지요.

둘째, 합자(合字)는 두 가지 이상의 문자를 합친 것입니다. 합치는 형태는 세로쓰기를 한다고 생각하면 이해하기가 쉬울 것입니다. 합자는 주로 사람 이름이나 지명에 많이 사용됩니다. 麻呂[마로]를 麿[마로]와 같이 합치는 것입니다.

셋째, 분자(分字)는 하나의 문자를 분할한 것입니다. 米를 자세히 보면 八과 十과 八의 조합입니다. 이 역시 세로쓰기를 하면 米와 유사해 지는데, 이로 인해 쌀과 88을 동일하게 보게 되었습니다. 실제로 나이 88세의 경우 미수(米壽)라고도 합니다.

넷째, 고자(古字)는 고체자(古体字)라고도 하는 오래된 표기법입니다. 四를 대신해서 二를 두 개 써서 三로 표기하는 것이지요. 이렇게 표기하는 이유는 물론 4가 2+2이기 때문입니다.

다섯째, 속자(俗字)는 세간에서 통용되는 한자입니다. 逃와 迯 둘 다 똑같이 [도]라고 읽는 한자이고 '도망가다'라는 뜻입니다.

이상, 이체자를 다섯 가지로 정리해봤는데, 어떤 한자이든 통용되는 한자여야만 이체자의 조건에 부합된다고 생각합니다. 사람들이 많이 사용해 왔기 때문에 현재 이체자로 인정받고 있는 것이겠지요.

일본의 문자 세계

이체자는 에도 시대에 책이 많이 간행되면서 형성된 것이 많이 있습니다. 그 이전까지 필사체로 책을 냈을 때에는 손으로 직접 쓰는 것이기 때문에 정자(正字)로 쓰지 않고 간결하게 써도 사람들이 크게 의식하지 못했습니다. 하지만 인쇄술이 발달하고 한자를 하나하나 인쇄하기 시작하면서 사람들은 가시적으로 명확하게 한자의 형태를 보게 되었습니다. 예전에는 간결하게 표기하려고 획수를 줄이고 흘려 썼지만, 한 글자 한 글자 정성들여서 인쇄하다 보니 이체자라는 것이 더 명료하게 사람들에게 보여지게 된 것입니다.

이체자의 형성과 사용

이체자가 어떻게 형성되고, 현재 이체자가 어떻게 사용되고 있는지 살펴보겠습니다.

첫째, 습관적인 약자의 사용입니다.

才 ——— 歲

令 ——— 齡

　대표적인 것이 '재주 재(才)'인데 일본에서는 이 한자를 'さい
[사이]'라고 읽습니다. 이 한자는 재주, 재능을 가리킬 때도 사용
하지만, 일본에서는 나이를 말할 때, 즉 몇 '살'이라고 할 때 많이
사용합니다. 예를 들어 10살을 10才, 30살을 30才라고 표기하는
것입니다. 보통 나이를 말할 때는 '해 세(歲)'를 사용하는 것이 일
반적인데 '재주 재(才)'를 사용하는 이유는 두 한자의 발음이 'さ
い[사이]'로 같기 때문입니다. 같은 발음을 하는 한자를 이체자로
사용하는 것이 정착된 것입니다.

　한 가지 사례를 더 살펴보겠습니다. '하여금 령(令)'은 일본에서
'れい[레이]'라고 읽습니다. 이 한자는 '가령(假令)', '명령(命令)'처
럼 사용하는데, 일본에서는 연령(年齡)이라는 한자 대신 사용하기
도 합니다. 즉, 年齡를 年令라고 표기하는 것입니다. 둘 다 'ねんれ
い[넨레이]'라고 읽기 때문에 똑같은 발음을 하는 '하여금 령(令)'
으로 대체해서 사용합니다. 이와 같이 습관적으로 많이 사용하다
보니 이체자로 정립된 것입니다.

둘째, 한자를 간결하게 표기하기 위한 사용입니다. 대표적인 것이 厶와 云의 사용입니다.

'넓을 광(廣)'을 간결하게 쓰려고 가타카나 '厶[무]'를 사용해서 広이라고 표기합니다. '모을 회(會)'를 会로 쓰거나 '그림 회(繪)'를 絵로 쓰는 경우는 모두 일본에서 약자로 간결하게 표기한 사례라 할 수 있습니다. 広은 廣, 会는 會, 絵는 繪의 이체자라고 볼 수가 있겠습니다. 또한 '구를 전(轉)'을 転이라고 쓰거나 '전할 전(傳)을 伝으로 쓰는 것도 이체자를 사용한 경우입니다.

셋째, 자연스럽게 만들어진 합자입니다.

일본 남성 이름 중에 麻呂[마로]가 붙는 경우가 있습니다. 과거 이름에 사용되었고, 현대에는 전통예능과 관련된 이름에 쓰이곤 합니다. 이 두 한자를 세로로 써서 하나의 한자로 합치면 麿가 됩니다. 발음은 둘 다 'まろ[마로]'입니다. 일본어는 기본적으로 세로로 쓰기 때문에 이렇게 두 한자가 합쳐지는 경우가 있습니다. 이렇게 글자를 합치게 되면 두 글자였던 것을 한 글자로 줄이는 효과도 있습니다. 이렇게 해서 자연스럽게 합자가 만들어진 경우 이것도 이체자의 한 형태라고 볼 수가 있습니다.

상용한자와 이체자

일본의 상용한자표에는 이체자와 본래 한자가 같이 표기되어 있습니다. 이체자는 본래 한자 옆에 괄호로 표기되어 있는데, 일본 사람들은 기본적으로 2,136자를 배우고 일상생활을 영위하기 때문에 상용한자표를 많이 활용합니다. 대부분 그 표를 따르지만, 고유 명사의 경우는 상용한자표를 따르지 않고 독자적으로 발음하는 경우도 찾아볼 수 있습니다. 상용한자표를 100% 따르지는 않는다는 말입니다. 그래서 한자의 쓰임이라고 하는 것이 명백하게 이 한자는 독음으로 어떻게 읽는다는 것이 딱 정해져 있는 것이 아니라 좋게 말하면 융통성 있게, 자유롭게 활용을 한다는 측면에서 표 외의 한자 표기법을 사용하는 경우도 있다는 것입니다. 어디까지나 상용한자라는 것은 현대 일본어에서 한자를 사용하는 기준을 제시하는 것이지 그것을 완전히 따르기 위해서 만든 것은 아니라는 점을 말하고 싶습니다. 최근에 2010년에 개정이 되었고, 향후에 또 개정될 가능성은 얼마든지 있습니다. 상용한자표 안에 보이는 2천여 개의 한자 중에 지금 사용하지 않는 한자도 있기 때문에 그것들이 언젠가 제외가 될 수 있고, 표에 없는 한자가 많이 사용이 되면 포함될 수도 있어 변동 가능성은 얼마든지 있습니다.

제6장

일본의 한자(2)
―국자(国字)

국자(国字)는 일본에서 만들어진 한자를 말합니다. 이번 장에서는 국자를 소개하고 국자가 어떻게 형성되었는지 그 유래와 한자의 조합 등을 설명하고자 합니다. 국자는 셀 수 없이 많이 존재하고 있고, 특이한 한자를 찾으면 찾을수록 어떻게 읽는지 무슨 뜻인지 파악하기 어려운 것들이 많습니다. 그런 한자를 모두 소개하기보다 일상생활에서 자주 접하는 한자를 위주로 그 유래와 조자(造字) 방식을 알아보도록 하겠습니다.

국자는 다시 말해 중국에서 만들어진 한자와 달리 중국 이외에서 새롭게 만들어진 독자적인 한자를 말합니다. 다른 말로 화제한자(和製漢字), 화자(和字), 왜자(倭字), 황조조자(皇朝造字)라고도 합니다. 일본을 가리키는 화(和), 왜(倭)라는 한자를 사용하거나, 일본의 왕조를 가리키는 황조(皇朝)를 사용한 명칭입니다. 이 중에서 가장 많이 부르는 명칭은 국자와 화제한자입니다. 이 두 가지는 기억해두면 좋을 것 같습니다.

국자 형성의 원리

국자가 형성되는 원리는 기본적으로 회의(会意)입니다. 회의자

(会意字)라고도 합니다. 이는 둘 이상의 한자를 합하여 새로운 뜻을 나타내는 것을 말합니다. 한자가 형성되는 데에는 총 여섯 가지의 방식이 있습니다. 그것을 육서(六書)라고 합니다. 육서에는 상형(象形), 지사(指事), 회의(会意), 형성(形声), 전주(転注), 가차(仮借)가 있습니다. 이중 '회의'가 국자의 기본이라고 할 수 있겠습니다.

일본에 있는 국자는 크게 네 가지로 구분 지을 수 있습니다.

첫째, 오래전부터 사용된 한자입니다. 국자가 일본에서 새로 만들어진 한자라고 하지만, 여기에서 말하는 '새로 만들어진'이란, 중국에서 만들어진 것이 아니라 일본에서 만들어진 것이라는 뜻입니다. 현재 만들어진 지 천년도 더 된 한자들도 있습니다. 이와 같이 오래전부터 사용된 한자들을 국자라고 말합니다.

둘째, 서양 문명의 도입에 따른 조자입니다. 이것은 비교적 현대에 가까운 시기에 만들어진 것입니다. 에도 시대에 서양 문명이 본격적으로 도입되기 시작한 시기 이후가 되겠습니다. 이때 많은 한자가 만들어졌습니다.

셋째는 훈(訓)만 있는 경우이고 넷째는 음(音)만 있는 경우입니다. 보통 한자는 훈과 음으로 이루어지는데, 국자의 경우는 훈만 있거나 음만 있습니다. 비중으로 따지면 훈만 있는 경우가 압도적으로 많습니다. 그래서 어떤 한자가 국자인지 아닌지를 알아보고 싶다면 그 한자가 음을 가지고 있는지 찾아보면 됩니다. 우리에게는 좀 어려운 일이 되겠습니다.

일본의 오래된 한자 사전

국자를 본격적으로 살펴보기 전에 일본에 오래된 한자 사전을 두 가지 소개하겠습니다.

첫 번째는 『신센지쿄(新撰字鏡)』입니다. 현존하는 가장 오래된 한화 사전(漢和辞典), 즉 한자 일본어 사전입니다. 9세기 말에서 10세기 초에 편찬된 사전이고, 음을 일본의 차자 방식으로 표기하고 있습니다. 이를 만요가나(万葉仮名)라고도 말하는데 우리의 이두 방식과 유사합니다. 그렇게 음을 표기하고 있습니다. 반절(半切)이라고 하여 두 개의 한자 중 첫 번째 한자에서는 자음, 두 번째 한자에서는 모음을 따서 한자의 음을 표기를 하는 방식으로 표기되어 있습니다. 한화 사전이라서 부수별로 구성이 되어 있습니다.

두 번째는 『루이주 묘기쇼(類聚名義抄)』입니다. 이것은 『신센지쿄』보다 약 백여 년 후에 만들어진 한자 사전입니다. 『신센지쿄』가 헤이안 시대의 어휘를 나타내고 있다면, 『루이주 묘기쇼』는 헤이안 시대 말기부터 가마쿠라 시대의 어휘를 수록하고 있습니다. 이 사전의 특징은 뜻이나 음을 가타카나로 표기하고 있다는 점, 그리고 한자의 음뿐만 아니라 일본에서 말하는 훈을 상세하게 표기하고 있다는 점입니다. 어휘에 따라서는 악센트 표시를 하고 있습니다. 그래서 당시에 단어를 읽을 때 어디에 악센트가 있었는지를 파악할 수 있어 한자 또는 음과 훈뿐만이 아니라 발음에 있어서도 많은 참고가 되는 사전입니다.

이 두 개의 사전에는 당시에 형성되어 있던 국자가 수록되어 있습니다. 『루이주 묘기쇼』의 경우 국자가 특히 많이 수록되어 있어 국자를 연구하는 연구자들은 고대의 이런 사전을 옆에 놓고 그 한자가 언제부터 사용되었는지 함께 연구합니다.

다양한 국자

働

일본어에서 아주 많이 사용되는 국자로 상용한자에 포함되어 있습니다. 働く [하타라쿠]는 '일하다', '작용하다'라는 뜻입니다. 인변(人偏)과 '움직일 동(動)'으로 구성되어 있습니다. 국자는 일반적으로 음만 있거나 훈만 있다고 했는데, 이 한자의 경우는 음과 훈이 다 있습니다. 이는 예외적인 경우입니다. 그럼 이런 경우에 음은 어떻게 알 수 있을까요? '움직일 동(動)'이 있기 때문에 편의상 '동(動)' 일본어 발음으로는 'どう[도]'라고 발음합니다. 그리고 이 한자의 훈은 '일하다', '작용하다'입니다.

働은 仂, 协와 같이 이체자가 존재하며 뜻은 '힘쓰다'입니다. '일하다', 또는 '힘쓰다'라는 뜻에서 '하타라쿠(はたらく, 働)'라고 하는 한자가 형성된 것입니다. 그런데 '일하다', '작용하다'는 결국 사람이 몸을 움직인다는 것입니다. 그렇기 때문에 '움직일 동(動)'이 형성된 것입니다. 그리고 偅와 같은 국자도 있습니다. 발음이 [하타라쿠]이며 뜻도 '일하다', '작용하다'로 똑같습니다. 다만, '사람이 머리를 쓰다'는 의미가 담겨 있다는 점이 다릅니다.

즉, '일하다', '작용하다'의 의미를 지닌 두 개의 국자가 존재하고 있는데, 어떤 한자를 사용하는지에 따라 몸을 움직여서 일을 하는 것인지 또는 머리를 써서 일을 하는 것인지를 나타냅니다.

일본어를 공부하시는 분은 정말 많이 접하는 한자이고, 일본어 문법에 이 한자가 나오면 꽤나 어렵게 느껴집니다. 込む[고무]는 ① '혼잡하다', '복잡하다'의 뜻으로 사용하거나, ② 동사의 연용형에 붙어서 복합어를 형성하는 데 사용합니다. 예를 들어 思う[오모우]는 '생각하다'이고, 思い込む[오모이코무]는 '생각에 빠지다'입니다. 이와 같이 복합어를 형성할 때 쓰는 込む에 사용되는 한자가 사실은 국자입니다. 자세히 보면 '들 입(入)'자가 쓰였습니다. '~에 빠져 들어가다'라는 뜻이 여기에 나타나 있습니다. 『루이주 묘기쇼』에 이 한자가 기재가 되어있고 발음은 가타카나로 'コモル[고모루]'라고 쓰여 있습니다. 'コモル[고모루]'는 '들어가다', '처박히다'라는 뜻입니다. 이 한자는 아주 많이 사용되기 때문에 현재 상용한자에 포함되어 있습니다.

 搾る[시보루]는 ① '짜다', '짜내다'라는 뜻입니다. 한자를 보면 '손(手)'과 '좁히다(窄)'로 구성되어 손으로 쥐어짜는 것을 의미하고 있습니다. 그리고 ② '착취하다'라는 뜻도 있습니다.

搾 역시 많이 사용하는 상용한자입니다. 그런데 이 한자, 일본 맥주를 좋아하시는 분은 본 적 있을 것입니다. 'キリン一番搾り

[기린 이치반 시보리]'입니다. 一番[이치반]은 '1번', 搾り[시보리]는 '쥐어짠 것'입니다. 즉, 첫 번째로 짜서 만든 맥주 정도의 뜻이 되겠습니다. 우리 일상에서 흔히 볼 수 있는 이 한자도 일본의 국자입니다.

躾 '몸 신(身)'자와 '아름다울 미(美)'자로 구성되어 있습니다. 몸이 아름답다? 이게 무슨 뜻일까요? 이것은 'しつけ[시쓰케]'라고 읽습니다. 예의범절을 가르치는 일 또는 가정교육을 뜻합니다. 사회를 살아가는 데 필요한 규범이나 예절을 가르치는 것을 말하는데, 이런 것은 보통 어렸을 때부터 집에서 가르칩니다. 우리가 말하는 가정교육이지요. 일본에서는 이런 가정교육을 상당히 중요하게 생각합니다. '폐를 끼치지 않는다(迷惑をかけない)'고 하는 가르침을 어려서부터 교육하는데, 이를 제대로 하지 않으면 'しつけ[시쓰케]'가 되어 있지 않다고 비판하기도 합니다. 이때 사용하는 躾를 한자로 이렇게 표기합니다. 한자를 구성하는 '아름다움'이란 예의범절을 지키는 것을 뜻하는 것입니다.

이 한자는 예의를 중시한 무가(武家) 사회에서 만들어졌습니다. 무사들은 전투를 하며 영역을 넓혀가며 살아왔는데, 이런 규율을 특히 중요하게 생각했습니다. 게다가 에도 시대가 되면서 세상이

태평해지자 무사들은 예의범절을 더욱 중요하게 생각하게 되었습니다. 왜냐하면 그들의 역할이 전쟁터에 나가서 싸우는 일이었는데, 세상이 태평해지고 전쟁이 없어지다 보니 할 일이 없어졌기 때문입니다. 그러다 보니 그들 사이에서 앞으로 일반 서민의 모범이 되는 존재가 되어야겠다는 생각의 전환이 일어나게 되었고, 그에 따라 규범을 더욱더 중요하게 생각하게 되었습니다. 자연스레 예의범절을 가르치는 가정교육, 즉 'しつけ[시쓰케]'도 상당히 중요한 부분을 차지하게 되었습니다. 체면을 중요하게 생각했던 무사들한테는 이게 중요한 일이었을 것입니다.

한자 구성을 살펴보면, 산(山)이 있고, 위(上), 아래(下)가 있습니다. 이 한자는 무슨 뜻일까요? 이것은 '고개' 또는 '고비'라는 뜻입니다. 일본어 발음으로는 'とうげ[도게]', 장음입니다. '산을 넘어가는 고개', 그리고 '인생에서 역경이나 고비'를 나타낼 때 사용합니다. 고비를 넘긴다고 할 때도 사용하는 단어입니다.

산길을 올라 능선에 다다르고, 그 너머부터 내리막이 펼쳐지는 경계 지점
　＜山＞　　　　　＜上＞　　　　　　　　　　　＜下＞

의미를 풀어서 생각해 보면, '산길을 올라 능선에 다다르고, 그 너머부터 내리막이 펼쳐지는 경계 지점'이 있고 그 경계 지점을 峠라고 합니다. 그래서 산(山), 위(上), 아래(下)로 한자를 조합해서 만들었습니다.

　그런데 이 'とうげ[도게]'라는 경계 지점은 예로부터 구니(国)의 경계인 경우가 많았습니다. 구니는 나라를 뜻하는데, 옛날에는 일본 열도 안에 여러 나라가 존재했습니다. 똑같은 언어를 사용하는 같은 민족이지만 나라가 각각 존재했던 것이지요. 나라를 다스리는 번주(藩主)가 있었고 번주는 무가 사회에서 다이묘(大名)라고 칭했습니다. 지금 일본에 도도부현(都道府県), 즉 1도 1도 2부 43현이 있는데, 이들이 각각의 나라였다고 생각하면 될 것 같습니다. 그런데 그 나라들은 어떻게 형성이 되었을까요? 기본적으로는 도게(峠)라는 고개가 있으면 그것을 경계로 처음 형성이 되었던 것입니다. 그래서 구니의 경계인 경우가 많았던 것이고, 고개를 넘어가는 길목에는 道祖神[도소신]이나 사당을 모셔 여행객들로 하여금 쉬어가게 하거나 신불에 공물을 바쳐서 여행의 안전을 기원하였습니다.

榊　　일본의 신도(神道) 또는 일본의 축제인 마쓰리(祭り)에 관심이 있으면 한 번쯤은 본 적이 있을 것입니다. 한자를 자세히 보면 '나무(木)'가 있고, '신(神)'이 있습니다. 『신센지쿄』에 따르면 이 한자는 'さかき[사카키]'라고 읽습니다. 이는 비쭈기나무를 뜻합니다.

사카키(榊)는 신사에서 제사 의식을 할 때 사용하는 도구 중 하나입니다. 일본의 마쓰리에서는 '신이 강림한다'고 여기는 神輿(미코시)라는 가마를 사람들이 어깨에 짊어지고 있는데 그 위에 사카키가 있습니다. 이 나무가 상징하는 바는 신이 강림하는 곳을 나타내 주는 것입니다. 사카키에 직접 신이 내려올 수도 있고, 신이 내려오는 곳을 표시하거나 신이 내려오는 곳 가까이에서 이 장소를 깨끗하게 해준다는 뜻을 지니고 있습니다. 이와 같이 비쭈기나무는 신사, 신의 제사, 의식을 치를 때 사용하는 도구 중 하나입니다.

그런데 'さかき[사카키]'는 境木라고도 쓸 수 있습니다. 경계를 뜻하는 사카이(境)와 나무(木)가 만난 것이지요. [사카이]에서 [이]가 빠지고 나무(木)가 만나서 '경계를 나타내는 나무'가 되었습니다. 바로 신과 인간의 경계를 나타내는 나무입니다. 榊[사카키]와

境木[사카키], 즉 신과 인간의 경계를 나타내는 비쭈기나무라고 생각하면 되겠습니다. 그리고 榊는 '신성한 곳', '깨끗하게 한다'는 의미가 담겨 있습니다.

 밭을 뜻하는 한자입니다. 이는 많이 사용하기 때문에 상용한자에 포함되어 있습니다. 불(火)과 밭(田)으로 구성되어 있습니다. 畑은 'はた[하타]', 또는 'はたけ[하타케]'라고 읽습니다. 그런데 일본에는 밭을 뜻하는 한자가 하나 더 있습니다. 바로 畠입니다. 똑같이 'はた[하타]', 또는 'はたけ[하타케]'라고 읽습니다.

한자를 보면 畑와 畠입니다. 하나는 불(火)과 밭(田)이고, 다른 하나는 희다(白)와 밭(田)입니다. 그러니까 전자는 불로 태운 밭을 말하고, 후자는 흰 밭, 즉 물이 없는 밭을 말합니다. 두 개의 한자가 똑같이 'はたけ[하타케]'라고 발음하고 그 뜻도 유사하지만, 현재 畑만 상용한자이고 畠는 상용한자가 아닙니다.

재미있는 사실은 후자가 먼저 만들어져서 사용되었다는 점입니다. 대략 9~11세기인 헤이안 시대에 이미 만들어졌습니다. 헤이안 시대에 완성된 『겐지모노가타리(源氏物語)』는 일본에서 가장 뛰어난 고전문학 작품인데, 이 작품에 畠가 등장합니다. 그 이전에도 『일본영이기(日本靈異記)』라는 작품에 등장합니다. 모두 헤이안 시대 때 나온 작품입니다. 畑는 당시에는 없었습니다. 畠를 사용하다 가마쿠라 시대쯤 되어서 畑가 한자 사전에 등장하기 시작합니다. 에도 시대에 이르러서는 거의 압도적으로 畑를 사용하게 됩니다.

당시 밭에서는 불을 놓고 새롭게 정비하는 일이 일반적으로 행해졌으며, 그러다 보니 사람들이 畑를 많이 사용하게 되었습니다. 처음 만들어진 한자인 畠는 상대적으로 덜 사용되고, 현재에는 뒤에 만들어진 畑가 상용한자로까지 채택된 것입니다. 이 두 개의 한자는 성 씨에도 사용이 되는데 畑는 성씨가 많지 않습니다. 그런데 畠의 경우는 뒤에 비해서는 훨씬 많은 성씨를 이루고 있습니다. 畠라는 국자가 먼저 형성되어 압도적으로 사용되었는데, 뒤늦게 畑라는 같은 뜻의 한자가 등장하면서 상용한자의 자리까지 차지한 것이지요. 위상이 역전된 케이스라고 볼 수 있겠습니다.

 이 한자는 'つじ[쓰지]'라고 읽습니다. 책받침(辶)의 '통행하다' 또는 '교차하다'의 뜻과 '열 십(十)'이 만나서 '교차로' 또는 '십자로'라는 뜻을 나타냅니다.

일본인 성씨 중에 辻[쓰지]라는 성이 있습니다. 그런데 우리나라에도 이 한자를 사용하는 성씨가 있습니다. 아주 희귀한 성인데 일본계 귀화 성씨 중에 즙(辻)이라고 하는 성이 존재합니다. 辻은 일본에서만 사용하는 한자이기 때문에 우리나라에 들어와도 읽을 도리가 없었는데, 汁(즙)이라는 유사한 한자가 있어서 이 역시도 '즙'으로 읽게 된 것입니다.

그런데 이 한자가 어떻게 우리나라로 들어오게 되었을까요? 일제강점기 때에 일본인 철도 공무원 남성이 한국으로 건너왔다고 합니다. 辻[쓰지] 성을 가진 사람이었는데 한국인 여성과의 사이에서 아이가 태어나 이 성이 우리나라에 생기게 되었다고 합니다. 하지만 당시에 어떻게 읽어야 될지 발음이 없어 가장 유사한 한자인 汁에서 따온 발음대로 '즙'이라고 읽게 되었습니다. 현재는 '십'이라고 읽기도 합니다. 이 성씨는 찾아본 바로는 현재 우리나라에 한 5명 정도밖에 없는 아주 희귀한 성이라고 합니다.

'입 구(口)'자와 '먹을 식(食)'자로 구성되어 있습니다. 일본에서는 'く う[구]' 또는 'く らう [구라우]'라고 읽으며 '입으로 먹다'는 뜻입니다. 먹는 행위에서 입을 강조한 단어라고 할 수 있겠습니다. 일반적으로 '먹다'를 나타낼 때에 '먹을 식(食)'자만 사용해도 상관이 없는데, '입 구(口)'자를 붙여서 사용하여 의미상으로 입으로 먹는 것을 강조하거나 억지로 먹는 경우를 나타냅니다. 일반적으로 食べる[다베루]를 사용하는데 굳이 喰う[구]라고 발음을 해서 쓰면 강조를 나타내거나 억지로 먹는 상황을 나타내는 것이지요.

이 한자가 지명에 사용된 경우도 있습니다. 국자가 일본의 지명에 사용된 경우는 종종 찾아볼 수 있는데 이 한자는 특히 유명하기 때문에 소개하고자 합니다. 우선 馬喰町[바쿠로초]입니다. 도쿄에 현재도 존재하고 있습니다. 에도 시대에 말이나 소의 매매나 중개를 하는 상인을 馬喰[바쿠로]라고 했습니다. 이 상인들이 말이나 소를 먹이며 매매업을 했던 곳을 馬喰町[바쿠로초]라고 불렀으며, 이것이 현재에도 도쿄의 지명으로 남아 있습니다. 다음으로 鮎喰川[아쿠이가와]라고 하는 강이 있습니다. 도쿠시마 현(德島縣)에 있는 지명인데, 鮎[아유]가 메기 또는 은어를 가리키는데, 메기와 은어의 산지이면서 주민들이 메기와 은어를 먹는 것에서 유래가 되어서 鮎喰[아쿠이]라고 하는 지명이 생겨났습니다. 이런 식으로 국자가 지명에 많이 사용되고 있습니다. 그런데 일본어 중에서 지명을 읽기가 특히 난해한데, 거기에 국자가 사용되면 우리에게 익숙지 않은 한자이기 때문에 발음하기가 더욱 곤란합니다. 아마 일본인이라고 할지라도 한자에 조예가 깊지 않은 사람은 어떻게 읽어야 할지 어렵게 느껴질 것 같습니다.

栃

침엽수를 뜻하는 한자인데, '상수리나무 상(橡)' 대신 栃[도치]라는 한자를 사용합니다. 일본 도쿄 근교에 '도치기 현(栃木県)'이라고 하는 현이 있는데, 여기에 사용되는 한자가 이 국자입니다. 이 한자도 상용한자로 지정되어 있습니다. 어쩌면 지명으로 사용하는 한자 중에서는 가장 많이 사용되고 있을 테고 없어지지 않을 것 같습니다.

그런데 이 한자가 본래는 상수리나무를 뜻하는 한자가 있어서 그 한자를 사용하다가 지금은 '일만 만(万)'을 써서 栃으로 표기합니다. 万을 왜 쓰게 되었을까요? 힌트는 'とち[도치]'라는 말에 있습니다. 'とお[도]'는 10을 뜻합니다. 그리고 'ち[치]'는 1000을 뜻합니다. 10 × 1000 = 10000 입니다. 그래서 만(万)이라는 한자가 사용되고, 'とち[도치]'라고 읽습니다.

국자가 이렇게도 형성이 되었습니다. 발음도 그렇고, 한자가 다른 한자로 대체되는 것도 그렇고, 어쩌면 사람들이 많이 쓰고 기억하기 쉬운 방식으로 변형되어 왔는지도 모릅니다.

이 한자는 원래 상용한자였다가 2010년에 상용한자가 재정비되면서 빠졌습니다. 당시 다섯 개 한자가 빠졌는데 그 중 하나입니다. 현대사회에서 거의 사용되지 않기 때문에 제외가 된 것입니다. 이 한자는 'もんめ[몬메]'라고 읽고, 무게의 단위이자 화폐의 단위를 나타냅니다. 1몬메(1匁)가 무게로 3.75g이고, 화폐 단위로 말하면 1량(1両)의 60분의 1입니다. 1량은 60몬메(60匁)에 해당합니다. 그리고 몬메(匁)는 한국과 중국의 전(錢)에 해당됩니다.

그런데 본래 文目이라고 쓰고 'もんめ[몬메]'라고 읽었습니다. 文目은 두 개의 한자로 구성되는데 이를 간편하게 쓰고자 匁라는 한자가 만들어졌습니다. 편의상 만들어 사용했던 것이 실제 한자가 되었고 그게 상용한자의 위치로까지 올라간 것이지요. 하지만 최근에 제외되었습니다.

匁가 실제로 쓰였던 화폐도 있었습니다. 막부 말기 모리오카(盛岡) 지방의 화폐를 보면 이 한자가 새겨져 있습니다. 1730년의 지폐에도 匁가 쓰였습니다. 그런데 상용한자로 포함되어 있다가 최근에 제외되면서 위상이 꺾인 것 같은 느낌이 듭니다. 아무래도 실제로 거의 사용되지 않는다는 점이 가장 큰 이유이겠지요. 현재 花一匁[하나이치몬메]라는 단어에만 쓰고 있습니다. 심지어 그마

盛岡八匁銀判

저도 몬메를 요즘은 히라가나로 많이 표기합니다. 즉, 匁를 사용하는 유일한 사례인데 그마저도 한자로 안 쓰니까 제외된 것입니다. *花一匁*[하나이치몬메]는 아이들의 놀이 중 하나입니다. 가위바위보 등의 게임을 해서 이긴 팀과 진 팀으로 나눕니다. 이 때 부르는 노래가 있는데, 그 노래의 가사에 *花一匁*[하나이치몬메]가 등장합니다. 이긴 사람은 기쁘고 진 사람은 슬프다는 내용의 가사입니다. 이 놀이를 할 때 쓰는 단어로만 현재 남아있습니다. 그마저도 히라가나로 표기하게 되면서 한자를 더욱 더 쓰지 않게 되었습니다.

塀

뜻은 흙으로 쌓아 올린 담 또는 울타리이며 'へい[헤이]'라고 읽습니다. 한자를 자세히 살펴보면 '흙 토(土)'가 들어 있습니다. 담 중에서도 흙으로 쌓은 담이라는 것을 바로 알 수 있게 만든 한자라고 보면 됩니다.

이렇게 국자가 형성되는 케이스를 여럿 찾아볼 수 있습니다. 도끼(斧釜)인데 쇠(金)로 만들어진 도끼는 두 한자를 조합해서 문자를 만들었습니다. 발음은 斧[오노]와 똑같습니다. 한자를 보고, 철 또는 쇠로 만들어진 도끼라는 것을 알 수 있습니다. 또 다른 예로 벽(壁)인데 풀(艸)로 만들어진 벽을 나타내는 한자도

있습니다. '풀 초(艸)'가 들어가 있어서 풀로 만든 벽이라는 것을 알 수 있습니다. 이렇게 흙, 풀, 쇠와 같이 구성 성분이 무엇인지 알려주는 국자도 존재합니다.

'입 구(口)'와 '새 신(新)'으로 구성되어 있습니다. 이는 'はなし[하나시]'라고 발음하고 '이야기'라는 뜻을 지닌 한자입니다. '이야기'를 뜻하는 한자로는 '말씀 화(話)'가 있습니다. 일반적으로 우리가 잘 사용하는 한자 말고 일본에는 같은 뜻을 지닌 噺라는 한자도 있습니다. 일본에서는 이야기를 뜻할 때 양쪽 모두 사용합니다. 그런데 噺의 사용은 제한적입니다.

라쿠고(落語)라는 전통 예능이 있습니다. 라쿠고는 에도 시대에 성립된 전통적인 이야기 예능으로, 한 사람이 방석에 앉아서 이야기를 들려주는 방식입니다. 1인 다역을 하면서 남자 역할, 여자 역할 등 모든 역할을 혼자 맡아서 하는 전통 예능입니다. 라쿠고에서 말하는 이야기를 특히 噺로 표기합니다. 1인 다역을 맡아서 하

일본의 문자 세계

는 이야기꾼을 落語家[라쿠고카], 또는 話家·噺家·咄家[하나시카]라고 합니다. 하나시카는 지역을 돌아다니면서 여기저기에서 라쿠고 활동을 했는데 항상 똑같은 이야기만 할 수는 없었습니다. 새로운 이야기를 구상하고 창작하면서 사람들을 웃겨야 했습니다. 그래서 입(口)에서 나오는 새로운(新) 이야기라는 뜻에서 噺라는 한자가 형성이 된 것입니다.

躷 '몸 신(身)'과 '응할 응(應)'의 조합입니다. 'やがて[야가테]'라고 읽고 '머지않아', '곧', '즉시', '그대로'라는 뜻을지닌 한자입니다.

다만 이 국자는 많이 안 씁니다. 보통 히라가나로 표기를 하기 때문에 일본인이라고 할지라도 많이 사용하는 단어임에도 불구하고 이 한자를 모르는 사람이 많습니다. '시간에 몸(身)을 내맡기고, 바로 대응하다(應)'는 의미로 한자가 형성되었습니다. 그리하여 '바로 대응하다'에서 '머지않아', '곧', '즉시', '그대로'라는 의미가 나왔습니다.

俤 사람(人)과 동생(弟)의 조합입니다. 'おもかげ[오모카게]'라고 읽고 '기억 속의 옛날 모습' 또는 '누군가를 닮은 얼굴, 생김새' 또는 '상상할 수 있는 옛 모습'의 뜻을 지니고 있습니다.

凩　凪　颪

　　바람(風)과 관련된 한자입니다. 늦가을이나 초겨울에 부는 찬 바람을 나무를 시들게 하는 바람이라는 뜻에서 '木枯(ら)し[고가 라시]'라고 하며, 한 글자로 짧게 凩로 표기하고 똑같이 'こがらし [고가라시]'라고 읽습니다. 찬바람이 불어 나무를 시들게 만든다 는 데에서 형성이 된 한자입니다. 한자를 자세히 보면 바람이 나 무(木)를 위에서 둘러싸고 있습니다. 그래서 결국에 시들게 만든 다는 것이겠지요.

　　이렇듯 바람과 관련된 국자를 몇 개 살펴보겠습니다. '그칠 지 (止)'가 사용되어 '바람이 멎어 파도가 잔잔해지고 바다가 고요해 짐'이라는 뜻을 지닌 한자로 凪가 있고 'なぎ[나기]'라고 읽습니 다. 바람이 멎어서 바다가 고요해진 상태를 말하는 것이지요. 하 나만 더 보면, 산에서 불어오는 바람을 颪라고 표기하고 'おろし [오로시]'라고 읽습니다. 산에서 불어오는 바람이 아래(下)로 불기 때문에 이와 같이 표기합니다. 이 한자는 지명으로 사용되고 있습 니다. 지명으로 사용될 때는 한자를 쓰기도 하지만 아무래도 어려운 한자이다 보니 히라가나로 'おろし[오로시]'라고 표기하는 경우가 더 많습니다.

기호처럼 보이지만 이것도 한자이자 국자입니다. 'しめ[시메]'라고 발음하고, '마감', '마무리', '봉투의 봉인'을 뜻합니다. '마감'의 경우는 어떤 일의 마감을 가리킬 때 'しめきり[시메키리]'라고 하며 한자로 締(め)切り·締切·〆切와 같이 씁니다. '마무리'의 경우는 어떤 모임을 마칠 때 'しめ[시메]'라고 합니다. '봉투의 봉인'의 경우는 봉투입구를 제대로 봉했다는 뜻으로 봉한 부분에 도장을 찍거나 사인을 하는 대신에 〆로 표시하는 것을 말합니다. 마치 ×자와 같은 이 기호도 국자입니다.

인명에 사용되는 한자입니다. 麻呂를 세로로 빠르게 쓰면 두 개의 한자가 하나로 합쳐집니다. 발음은 똑같이 'まろ[마로]'입니다. 두 개의 한자를 하나로 합쳐서 새로운 한자를 만든 것으로 이것도 국자입니다. 현재에도 사용되고 있습니다.

많은 국자가 지명 또는 인명에 사용되고 있는데 인명에만 특히 사용되는 한자 중 대표적인 것을 하나만 더 소개하겠습니다. '선비 언(彦)'은

'ひこ[히코]'라고 발음하고 남성의 인명에 사용되는 한자입니다. 彦을 'ひこ[히코]'라고 발음하는 이유는 일본 고대 신화에 등장하는 남신(男神) 대부분의 이름에 'ひこ[히코]'가 사용되어 태양의 자식을 뜻하는 日の子[히노코]와 뜻이 통하기 때문입니다. 彦을 대신해서 '날 일(日)'자와 '옛 고(古)'자의 합자가 이름에 사용되기도 합니다.

腺 이 한자는 'せん[센]'이라고 읽습니다. 우리나라에서는 '샘 선(腺)'이라고 합니다. 일본에서 만들어진 국자인데 우리나라에서도 사용하고 있는 한자입니다.

에도 시대 후기의 난방의(蘭方医), 즉 네덜란드 의학을 도입한 의사인 우타가와 겐신(宇田川玄真, 1770-1835)이 서양의 의학서를 번역하는 과정에서 만든 한자입니다. 당시 적절하게 표기할 수 있는 한자가 없어서 고민을 하다가 이 한자를 만들었습니다. 현재 우리나라에서도 갑상선(甲状腺), 편도선(扁桃腺), 누선(涙腺, 눈물샘), 한선(汗腺, 땀샘)과 같이 쓰는 한자입니다. 이 한자는 일본에서 만들어져서 지금 한국뿐만 아니라 중국에서도 쓰고 있습니다. 중국과 한국에서도 사용하고 있는 일본의 국자가 되겠네요.

앞에서 국자는 훈 또는 음으로 읽는데, 훈으로 읽는 경우가 압도적으로 많다고 했습니다. 음으로 읽는 국자는 아주 예외적인 경우라 할 수 있습니다. 腺은 음으로 읽는 국자 중에 가장 대표적인 것이라고 할 수 있겠습니다.

상용한자가 된 국자

국자는 다른 말로 화제 한자(和製漢字), 즉 일본에서 만들어진 한자라고 할 수 있습니다. 주로 두 가지 이상의 한자가 합쳐져서 형성이 된 회의자 형태입니다. 이렇게 새롭게 형성된 국자는 사용 빈도가 높은 한자부터 거의 사용되지 않는 한자, 나아가서는 전혀 사용되지 않는 한자까지 다양하게 존재합니다. 그리고 현재 일본에서 자주 사용하는 한자를 모아둔 상용한자 중에 국자는 10개가 포함되어 있습니다. 10개 한자를 정리하면 다음 표와 같습니다.

	한자	발음과 뜻
1	込	込む　こむ[고무]　① 혼잡하다, 복잡하다 ② 동사의 연용형에 붙어서 복합어를 형성
2	搾	搾る　しぼる[시보루]　① 짜다, 짜내다 ② 착취하다

3	腺	せん[센] 샘 선
4	峠	とうげ[도게] 고개, 고비
5	栃	とち[도치] 칠엽수
6	匂	匂い におい[니오이] 냄새 / 匂う におう[니오우] 냄새가 나다
7	畑	はた[하타], はたけ[하타케] 밭
8	働	働く はたらく[하타라쿠] ① 일하다 ② 작용하다
9	塀	へい[헤이] 담
10	枠	わく[와쿠] ① 테두리 ② 범위

    이렇게 상용한자가 된 국자 이외에 훨씬 많은 국자가 있으며, 사람들이 실제로 사용하지 않는 국자도 상당수 존재하고 있습니다. 그리고 사람 이름에 사용된 경우 어떻게 읽는지 예상조차 어려운 한자도 있습니다. 이런 한자들이 현재도 계속 만들어지고 있다는 점이 참 재미있습니다. 한자를 일상에서 많이 사용하고 있기 때문에 국자들도 지속적으로 형성되고 있는 것이라 생각됩니다.

제7장

일본의 한자(3)

─화제한어(和製漢語)

일본에서 일본인에 의해 만들어진 한어(漢語)를 우리는 화제 한어(和製漢語)라고 말합니다. 일반적으로 한어는 한민족의 언어 또는 한민족이 중국어를 칭할 때 사용하는 용어를 가리킵니다. 한자로 만들어진 언어 또는 용어, 단어라고 생각하면 될 것 같습니다.

　일본에서는 한어를 '국어로 정착된 중국 유래의 어휘 체계'를 총칭하는 말로 사용하고 있습니다. 국어로 정착되었다는 것은 일본어로서 정착이 되었다는 것을 뜻합니다. 즉 일본에서 일본어와 다름없이 그대로 사용되고 있다는 말입니다.

　우리나라에서도 한어 또는 한자어가 우리 생활 속에서 크게 어색함 없이 잘 사용되고 있습니다. 단어에 따라서는 한어가 아니라 우리 고유의 말인 것처럼 여겨지는 경우도 있습니다. 하지만 그러한 말이라고 할지라도 한어가 중국에서 유래한 어휘라는 점은 달라지지 않습니다. 일본어도 마찬가지로 일본에서 한어가 일본 고유의 말인 것처럼 정착되어 있다고 하더라도 중국에서 유래한 어휘입니다.

한어 구성의 5가지 유형

유형	설명	예시
중국어 유래	오음(吳音), 한음(漢音), 당송음(唐宋音)을 반영	해탈(解脫[게다쓰]), 건립(建立[겐리쓰])
범어(梵語) 유래	범어를 한자로 음사(音寫)	나무(南無[나무]), 찰나(刹那[세쓰나])
차자 (借字, 当て字)	한자의 음을 고려해서 표기	독일(独逸[도이쓰]), 커피(珈琲[고히]), 낭만(浪漫[로망])
조어(造語)	기존의 한어를 모방하여 일본에서 만들어짐	정치(政治), 문화(文化), 사회(社会)
혼종어(混種語)	다른 언어에서 유래한 두 가지 이상의 요소가 통합	기분(気持[기모치]), 부엌(台所[다이도코로])

첫 번째는 중국어에서 유래된 유형입니다. 오음(吳音), 한음(漢音), 당송음(唐宋音)을 반영해서 한어가 이루어지는 것을 말합니다. 예를 들어 '해탈(解脫)'을 일본에서는 오음인 'げだつ[게다쓰]'라고 발음합니다. 일본에서 '해(解)'자는 일반적으로 한음인 'かい[가이]'라고 발음하는데 이 단어에서는 'げ[게]'로 발음됩니다. 이렇게 다르게 발음되는 경우는 보통 불교적 의미가 들어가 있습니다. '건립(建立)'의 경우 일반적으로 'けんりつ[겐리쓰]'라는 한음으로 발음합니다. 그런데 이것을 오음인 'こんりゅう[곤류]'라고

발음하면 불교적인 의미를 지닙니다. 따라서 한음인 'けんりつ[겐리쓰]'로 발음하면 일반적인 건물을 건립할 때 쓰는 말이고, 오음인 'こんりゅう[곤류]'라고 발음하면 사원이나 불교와 관련된 건물을 건립할 때 사용하는 단어인 것입니다.

두 번째는 범어(梵語)에서 유래된 유형입니다. 범어를 한자로 음사(音写)한 것이기 때문에 불교와 관련된 용어입니다. '나무아미타불(南無阿弥陀仏)'에서 '나무(南無)'는 '귀의하다'는 뜻을 지닌 범어인 나마스(Namas)의 한자 표기이며 일본에서도 'なむ[나무]'라고 발음합니다. 또한 '찰나(刹那)'도 역시 '아주 짧은 시간'을 뜻하는 범어인 크샤나(Ksana)의 한자 표기이며 일본에서는 'せつな[세쓰나]'라고 발음합니다.

세 번째는 차자(借字, 当て字)에서 유래된 유형입니다. 우리의 이두 방식과 매우 유사한 방식이고, '차자(借字)' 또는 '아테지(当て字)'는 말 그대로 일본어 발음에 적절한 한자를 빌려 와서 표기하는 것을 말합니다. 예를 들어 독일(Deutschland)은 일본에서 'ドイツ[도이쓰]'라는 발음에 적절한 한자를 빌려와서 독일(独逸)이라고 표기하였습니다. 이것이 우리나라에 건너와 우리도 이 한자 이름의 독음을 따서 독일이라고 칭하고 있습니다. 커피(coffee)도 'コーヒー[고히]'라는 발음에 적절한 한자를 빌려와서 '珈琲[고히]'라

고 표기합니다. 로맨스(romance)도 로맨 또는 로망을 발음되는 대로 적절한 한자를 빌려와서 '浪漫[로만]'이라고 표기합니다. 이렇게 낭만(浪漫)이라는 단어가 생겨났습니다.

네 번째 유형은 조어(造語)입니다. 이는 기존의 한어를 모방해서 일본에서 만들어진 단어입니다. 화제 한어의 가장 기본적인 형태가 바로 조어입니다. 우리가 평상시에 많이 사용하고 있는 정치, 문화, 사회 등 상당히 많은 단어가 일본에서 만들어졌습니다. 그런데 일본에서 만들어졌다고 하더라도 그것이 신조어(新造語)인 단어가 있는 반면에 기존에 존재하고 있었던 단어가 그대로 사용된 경우도 있습니다. 이는 과거 중국에서 사용되던 단어를 가지고 와서 새롭게 개념을 부여해서 사용하게 된 경우를 말합니다.

다섯 번째 유형은 혼종어(混種語)입니다. 혼종어는 서로 다른 언어에서 유래한 두 가지 이상의 요소가 통합된 것입니다. 화어(和語)와 한어(漢語), 화어와 외래어(外来語), 한어와 외래어가 통합된 경우를 말합니다. 한어가 혼종어인지 여부는 발음을 보면 알 수 있습니다. 일본어에서 한어의 발음은 음은 음끼리 훈은 훈끼리 조합되는 게 기본입니다. 앞서 예로 든 독일(独逸)은 두 한자 모두 음으로 발음해서 'ドイツ[도이쓰]'로 발음한 것입니다. 해탈(解脱)과 건립(建立)도 다 음으로 발음한 것입니다. 이렇게 한자의 조합으로 한어를 만들 때에는 기본적으로는 음과 음 또는 훈과 훈으로 발음하는 것이 일반적인데, 혼종어의 경우는 음과 훈이 조합해서 한어를 구성합니다. '기분'을 나타내는 단어인 気持ち는 'きもち [기모치]'라고 발음합니다. [기]는 음이고, [모치]는 훈입니다. '부엌'을 나타내는 단어인 台所는 'だいどころ[다이도코로]'라고 발음하는데, [다이]는 음이고 [도코로]는 훈입니다. 이렇게 음과 훈이 만나서 하나의 단어가 형성된 경우는 혼종어입니다.

화제한어(和製漢語)의 유형

화제한어(和製漢語)를 다시 정의하면, 중국어의 조어법(造語法)을 기반으로 일본어의 특성에 따라 일본에서 만들어진 한어를 말합니다. 화제한어의 사례를 크게 두 가지 유형으로 나누어 살펴보겠습니다.

첫째, 일본어 고유의 말을 한자로 표기한 것입니다. 예를 들어 화재를 뜻하는 火事는 'かじ[가지]'라고 발음합니다. '화(火)'와 '사(事)'자가 합쳐져서 만들어진 한어입니다. 그런데 'かじ[가지]'는 일본어 고유의 말입니다. 이는 'ひのこと[히노코토]'라고 하여 불의 일 또는 불과 관련된 일을 뜻합니다. 불의 일 또는 불과 관련된 일을 하나의 한어로 만들 때 조사 등 불필요한 것을 제외하고 불(火)과 일(事)만 남긴 것입니다. 立腹는 매우 화가 나는 상태를 말하는데, 이것은 腹を立てる에서 온 한어입니다. 'はらをたてる[하라오타테루]'라고 발음하는 이 말은 '화가 나다'의 일본어 고유의 표현입니다. 여기에 사용된 한자 두 개만 남겨서 순서만 바꾼 것이 立腹입니다. 'りっぷく[릿푸쿠]'라고 발음합니다. 이런 식으로 일본에서 한어가 만들어지는 것입니다.

둘째, 고전 중국어의 용례가 있으면서 일본인이 새롭게 근대적 개념과 의미를 부여해 사용하는 한어입니다. 자유(自由), 관념(観念), 복지(福祉), 혁명(革命)과 같은 단어는 일본 근대에 접어들어 현재 우리가 알고 있는 단어로 사용하게 되었습니다. 자유의 경우, 리버티(liberty) 또는 프리덤(freedom)을 일본어로 어떻게 번역하면 좋을지 고민하다가 만들어진 단어입니다. 관념, 복지, 혁명도 모두 마찬가지입니다. 레볼루션(revolution)의 경우는 한자를 구성해서 새로운 단어를 만든 것이 아니라 기존에 있었던 단어를 외국 단어의 번역어로서 사용하여 한어를 만든 것입니다. 이것 말고도 예로부터 있었던 단어나 한자어를 가지고 와서 근대에 새롭게 의미를 부여한 한어가 많이 존재합니다.

화제한어의 사례

우리에게 매우 익숙한 박물관(博物館)이라는 단어도 일본에서 만들어진 화제한어입니다. 에도 시대부터 메이지 시대 초기까지 관리와 한학자, 국학자로서 이름을 날렸던 이치카와 세이류(市川 清流, 1822-1879)가 뮤지엄(museum)의 번역어로서 처음으로 '박물관' 이라는 단어를 사용했습니다. 그는 일본의 근대적 도서관 창설에 기여한 인물로 도서관이나 박물관 쪽에 많은 관심이 있었고 많은 문헌들을 일본어로 번역했습니다. 그가 유럽을 방문해서 공무 수행을 하던 중에 여기저기 관광을 다녔습니다. 그때 대영박물관을 방문하고 브리티시 뮤지엄(British Museum)을 방문했다고 기록으로 남기려고 하다 보니 그 명칭을 번역할 마땅한 단어가 없었던 것입니다. 고민 끝에 '박물관(博物館)'이라는 단어를 만들어냈습니다. '박물관'이라는 단어는 이렇게 생겨났습니다.

일본에서 야구(野球)라는 단어가 만들어졌다는 것은 많이 알려져 있는 사실인데, 이를 만든 사람은 주마 가노에(中馬庚)입니다. 그는 야구 선수 출신의 교육자였습니다. 초기에 일본에 야구가 도입되었을 때 야구를 실제로 했던 사람이고, 제1고등중학교 야구부 출신입니다. 주마 가노에가 1895년에 『이치코 야구부사(一高野

球部史)』라는 책을 발행하였는데, 이 책에서 한자를 이용해서 처음으로 베이스볼(baseball)을 野球라고 칭했습니다. 제1고등중학교 야구부는 현재 일본 도쿄 대학 야구부의 전신입니다. 도쿄대 야구부라고 하면 승리를 거두는 것 자체가 대단한 화젯거리가 될 정도로 재미있는 야구부인데, 그 야구부의 전신이 '야구'의 명칭과 관련이 있었던 것입니다. 구체적으로는 'ball in the field'라고 하는 영어 표현에서 단어를 만들게 된 것입니다.

그리고 주마 가노에는 '야구'라는 명칭뿐만 아니라 '유격수'라는 명칭의 형성에도 기여했습니다. 일본에서는 유격수를 'ショート[쇼토]'라고 합니다. 우리나라에서는 '유격수(遊擊手)'라는 명칭을 사용하고 있습니다. '놀 유(遊)'는 자유롭게 움직인다는 뜻입니다. 1루수, 2루수, 3루수와는 달리 유격수는 2루와 3루 사이에 위치하고 있어 활동 범위가 상당히 넓습니다. 그래서 자유롭게 방어도 하고 공격도 하는 포지션입니다. 이러한 유격수의 특징이 이와 같은 호칭을 만드는 데 기여했다고 합니다.

우편(郵便)이라는 단어도 일본에서 만들어진 한어입니다. 일본어로 'ゆうびん[유빈]'이라고 발음합니다. '우편 우(郵)'는 '전령을 전하는 장소'라는 뜻입니다. 또는 '파발꾼이 교대하는 숙소'라는 뜻도 가지고 있습니다. 종합하면 서신이나 어떤 소식을 전하는 사

람들이 교대하거나 그 서신을 실제로 전달하는 장소를 말합니다. '편(便)'은 편지나 소식을 뜻합니다. 이 두 개의 한자를 조합하여 우편(郵便)이라는 단어를 만들었습니다.

화제한어와 번역

화제한어가 본격적으로 만들어지게 된 것은 서양의 문헌을 번역하면서부터입니다. 번역, 그리고 번역어의 생성은 화제한어의 탄생과 매우 밀접하게 관련되어 있습니다.

번역이란 어떤 언어로 된 글을 다른 언어의 글로 옮기는 일을 말합니다. 우리가 익히 알고 있는 번역의 정의입니다. 그런데 번역에 대해 조금 더 상세하게 살펴보면 번역은 크게 두 가지로 나눌 수 있습니다. 첫째, 타국의 문헌을 번역하는 것을 일반적으로 번역이라고 말합니다. 서로 다른 언어를 사용하는 국가 간의 문화 및 지식을 전달하고 수용하는 것을 번역이라고 합니다. 둘째, 자국의 고전을 현대어로 바꾸는 것도 번역이라고 말할 수 있습니다. 일본의 경우, 시대별로 언어가 크게 다릅니다. 그래서 고어(古語)를 따로 공부하지 않으면 현대인은 읽을 수 없습니다. 매우 난해하기 때문에 고전 문학 작품 같은 경우는 현대어역(現代語訳)을 해서 다시 책을 편찬하기도 하는데, 여기에서 말하는 현대어역이 바로 번역의 일종입니다. 여기에서는 번역의 첫 번째 정의인 타국의 문헌을 번역하는 경우에 한하여 번역어의 생성에 관해 소개하겠습니다.

『해체신서(解体新書)』

일본에서 번역어가 생성되는 데에 큰 역할을 한 책은 스기타 겐파쿠(杉田玄白, 1733-1817)의 의학서 『해체신서(解体新書)』(1774년 간행)입니다. 이 책은 1722년에 독일에서 편찬된 『Anatomische Tabellen』의 네덜란드어 번역본인 『Ontleedkundige Tafelen』(1734년 간행)을 한문으로 번역하여 일본에서 간행한 것입니다. 처음에 독일에서 간행된 책이 그대로 일본에 들어온 것이 아니라 네덜란드 번역본이 일본으로 들어왔습니다. 일본이 쇄국 정책을 펼친 동안에 유럽 국가들 중에서 네덜란드와의 무역만 허용했던 시기가 있었습니다. 그렇기 때문에 책도 네덜란드어 번역본이 들어온 것입니다. 네덜란드 의학서이기 때문에 난학서(蘭学書)입니다. 책을 번역한 사람은 난방의(蘭方医)이자 난학자인 스기타 겐파쿠와 마에노 료타쿠(前野良沢, 1723-1803)입니다. 스기타 겐파쿠는 의학에 조예가 깊었고, 마에노 료타쿠는 네덜란드어에 아주 능통했던 사람입니다. 두 사람이 힘을 합쳐서 번역한 책이 『해체신서』입니다.

『해체신서』의 가장 큰 의의는 당시 일본에서 정립되어 있지 않던 의학 용어를 일본어로 보완을 했다는 점을 들 수 있습니다. 번역어가 이때 다수 만들어졌고, 그 번역어가 대부분 화제한어라고 일컬어지고 있습니다. 좀 더 큰 의의를 살펴보면 의서(医書)를 번역했다는 의미를 넘어 동서 문명의 교류와 접합의 상징이라고 말할 수 있습니다. 또한 일본에게 있어 근대화를 이루기 위한 노력의 시발점이 되는 서적이라고 말할 수 있겠습니다.

『해체신서』에서 고안된 주요 번역어

『해체신서』에서 많은 번역어가 고안되었는데 그 중에서 대표적인 몇 가지만 살펴보겠습니다. 우리도 현재 아주 잘 사용하는 단어들인데 이들 모두 화제한어입니다.

신경	神経	연골	軟骨	십이지장	十二指腸
문맥	門脈	맹장	盲腸		

신경(神経)은 네덜란드어 ze'nuw의 번역어로서 정신을 뜻하는 신기(神気)와 경로를 뜻하는 경맥(経脈)의 앞 글자를 따서 만들었습니다.

연골(軟骨)은 네덜란드어 kraak'been의 번역어인데 부드러움을 뜻하는 연(軟)과 뼈를 뜻하는 골(骨)을 합쳐서 만들었습니다.

십이지장(十二指腸)은 duodenum의 번역어로서 한자를 보면 손가락 12개를 옆으로 쭉 늘어놓은 정도의 길이를 지닌 장(腸)이라는 뜻입니다. 실제로 십이지장이라는 라틴어 단어도 12와 손가락을 뜻합니다. 그리하여 십이지장(十二指腸)이라는 단어가 만들어졌습니다.

문맥(門脈)은 poor-ader의 번역어입니다. 문정맥(門静脈)이라고도 하는 정맥의 일종으로 피가 출입하도록 하는 문호(門戸)의 역할을 합니다.

맹장(盲腸)은 네덜란드어 blindedarm의 번역어이며, 눈이 먼 상태인 blinde와 장(腸)을 뜻하는 darm이 만나서 탄생하였습니다. 네덜란드에서도 눈이 먼 상태와 장을 뜻하는 것이 합쳐져 하나의 단어를 구성하고 있었습니다. 그것이 그대로 도입되어 화제한어로 맹장이라는 단어가 만들어진 것입니다.

　이런 식으로 『해체신서』에 우리의 신체와 관련된 화제한어가 많이 고안되어 등장하고 있습니다. 이 책이 번역되기 전에 일본에 네덜란드 서적이 들어왔을 때 난학을 공부하던 난방의들이 이 책을 보고 정말 감탄했다고 합니다. 인체 내부를 들여다보려면 실제로 해부를 해 봐야 하는데, 이 책에는 직접 해부하지 않아도 될 만큼 상세한 그림들이 수록되어 있었던 것입니다. 책을 보면 몸을 열었을 때 어떤 장기가 있고 어떤 식으로 구성되어 있는지 아주 상세하고 세밀하게 묘사되어 있습니다. 그리고 스기타 겐파쿠와 마에노 료타쿠는 이 책을 번역하면서 당시 일본에 존재하고 있지 않던 단어들을 많이 고안해 냈습니다. 당시에 만들어진 번역어, 화제한어들은 지금까지도 많이 사용되고 있는데, 중국과 한국에서도 그대로 사용되는 단어가 많이 존재합니다. 특히 우리나라에서는 거의 대부분의 의학 용어가 일본에서 넘어와서 지금까지 사용되고 있습니다.

『메이로쿠 잡지(明六雜誌)』를 통해 생성된 주요 번역어

『메이로쿠 잡지(明六雜誌)』는 계몽학술단체인 메이로쿠샤(明六社)의 기관지이며, 학술지의 선구자적 역할을 한 간행물로 평가받고 있습니다. 우리에게 익숙한 학회 기관지, 학술 잡지 등 현재 학술 논문을 수록하는 학술지의 초창기 형태가 『메이로쿠 잡지』입니다.

그렇다면 『메이로쿠 잡지』에는 어떤 학술 논문을 실었을까요? 서양 철학과 서양의 새로운 사조가 번역되고 소개되었습니다. 당시 다양한 서양 문물이 전해졌는데, 특히 문학에 있어서는 서양의 문학 사조가 많이 들어왔습니다. 이에 따라 일본에서 근대적 문학이 발전하는 데 큰 영향을 미친 서양의 문학 사조를 소개할 매체가 필요했습니다. 물론 책을 출판하거나 신문에 기고를 하는 등 여러 방법을 통하여 서양 사조나 사상을 발표하는 경우도 있었습니다. 하지만 이런 서양 사조나 사상을 본격적으로 수록하는 잡지로서는 『메이로쿠 잡지』가 가장 대표적인 잡지였습니다.

그런데 서양의 사상을 소개하려다 보니 전문 용어를 일본어로 번역할 필요가 있었습니다. 글을 그대로 번역하는 것 자체는 문제가 안 되는데, 고유명사 또는 사상적인 용어들은 번역하기가 상당

히 난해했습니다. 당시 일본에는 없던 새로운 개념들이 많이 들어
왔기 때문입니다.

과학	科学	농학	農学	양학	洋学
의회	議会	학제	学制	자금	資金
외책	外積	사교	社交	광고	広告
보건	保健	확보	確保	현상	現象

　이때『메이로쿠 잡지』를 통하여 생성된 주요 번역어는 표와 같
습니다. 일부만 인용한 것인데, 이들 단어를 보면 현재 일본은 물
론 우리나라에서도 모두 사용하고 있는 단어입니다. 이들 모두 메
이지 시대 때 서양의 글을 번역하면서 생성해 낸 화제한어입니다.
　화제한어가 막부 말기부터 메이지 시대까지 대량으로 만들어
진 이유는 막부 말기 이후 서구 사상이 도입되면서 이를 표기할
적절한 어휘가 필요했기 때문입니다. 그도 그럴 것이 에도 시대
때까지는 없었던 새로운 개념이 들어오는 것이었고, 그때까지 없
었던 새로운 개념이었기 때문에 당연히 그에 해당하는 단어도 없
었던 것입니다. 자연스레 단어를 새롭게 만들 수밖에 없었고, 그
과정에서 한자를 차용하는 방식을 통하여 다양한 어휘가 만들어

졌습니다. 대부분 본래의 개념에 맞는 한자를 조합해서 번역어를
생성하였습니다.

근대 사상가가 고안한 번역어

『메이로쿠 잡지』를 통하여 생성된 번역어도 있지만 근대 사상
가가 고안해 낸 번역어도 있습니다. 이것도 화제한어입니다.

니시 아마네(西周, 1829-1897)는 에도 시대부터 메이지 시대까지
활약했던 계몽 사상가입니다. 그가 고안한 주요 번역어는 다음과
같습니다.

철학	哲学	예술	芸術	과학	科学
기술	技術	심리학	心理学	의식	意識
지식	知識	개념	概念	정의	定義
연역	演繹	귀납	帰納	명제	命題

모두 우리에게 친숙한 단어들입니다. 예를 들어 철학(哲学)은
니시 아마네가 존 스튜어트 밀의 『공리주의(Utilitarianism)』(1863년 간

행)의 번역서 『利学』(1877년 간행)을 번역하면서 동양의 유학과 구별하기 위해서 고안해 낸 단어입니다.

후쿠자와 유키치(福澤諭吉, 1835-1901)도 많은 번역어를 고안했습니다.

연설	演説	서양	西洋	자유	自由
사회	社会	판권	版權	개인	個人

많은 번역어들 중에서 '사회'와 '개인'이 유명합니다. 당시 일본에는 society라고 하는 개념 자체가 없었습니다. 그래서 이 단어가 들어왔을 때, 단어 자체를 이해하는 데도 상당히 오랜 시간이 걸렸다고 합니다. 그런 개념을 일본어로 어떻게 번역하면 될지 고민을 거듭한 끝에 society의 번역어로서 '사회(社会)'를 채택한 것입니다. '개인(個人)'의 경우도 개념 자체가 없었습니다. 즉 개인, 집단과 같은 개념이 아예 정립되어 있지 않았던 시대에 해당 개념이 도입되고 이를 일본어로 번역해야 하는 상황에서 가장 적절한 단어를 찾은 것입니다.

화제한어가 일본에서 일본인에 의해서 만들어진 한어인데 특히 19세기 말에서 20세기 초까지의 근대 계몽기에 많은 서양 서적이 번역되는 과정에서 고안된 번역어가 화제한어의 대표적인 형태라고 볼 수가 있습니다. 지금 우리가 사용하고 있는 한어들이 어디에서 유래되었는지 찾아보는 것도 상당히 재미있는 작업입니다. 물론 일본에서 번역된 것이 다가 아니라 우리나라에서 만들어낸 한어도 있습니다. 일본에서 만들어진 화제한어가 우리나라 의학계를 비롯한 각종 학문 영역 또는 일상생활에서 많이 사용되고 있다는 것을 알아두면 좋을 것 같습니다.

제8장

현대 일본 사회와
한자 문화

이번 장에서는 현대 일본 사회와 한자 문화에 대해서 한자 교육을 중심으로 살펴보고자 합니다. 앞서 설명한 내용 중 한자와 관련된 부분을 복습하며 일본어에 있어서 한자가 어떤 의미를 갖는지 고찰해 보겠습니다.

일본어와 한자 사용

일본어의 문자 표기를 보면 일본어를 모르더라도 어떻게 구성이 되어 있는지 대체로 인지할 수 있습니다. 먼저 고유의 문자인 히라가나와 가타카나라는 두 개의 문자가 있습니다. 그리고 외래 문자로는 한자가 있습니다. 일본어를 전혀 모르는 상태에서도 일본어 문장을 봤을 때에 가시적(可視的)으로 다음과 같은 특징을 살펴볼 수가 있습니다.

첫째, 고유 문자와 외래 문자가 공존하고 있습니다. 우리는 일본어 문장에는 일본의 고유 문자인 히라가나와 가타카나, 외래 문자인 한자가 같이 쓰이는 것을 인지할 수 있습니다. 둘째, 일본어에는 띄어쓰기가 없습니다. 띄어쓰기가 없는데 어떻게 의미를 구분할 수 있는지 궁금한 대목인데, 고유 문자와 외래 문자가 공존하고 있다는 점, 특히 한자가 함께 사용되고 있다는 점에 큰 의의를 둘 수 있습니다.

고유 문자 중 히라가나는 조사나 활용 어미와 같이 의미를 지니지 않는 부분, 명사나 동사, 형용사의 의미를 지니고 있는 부분이 아닌 부분을 표기할 때 사용합니다. 그리고 우리말에 있는 띄어쓰기를 대체할 수 있는 방안이 바로 한자입니다. 그런데 여기서 중요한 것은 한자를 사용하는 이유가 띄어쓰기를 대신하기 위한 것은 아니라는 점입니다. 어디까지나 가시적인 관점에서 일본어 문장을 봤을 때 한자가 쓰임으로 인해서 의미 구분이 명확해진다는 점을 말씀드리고 싶을 뿐입니다.

그리고 한자를 사용할 수밖에 없는 이유는 일본어에는 동음이의어가 많기 때문입니다. 일본어의 모음 수는 5개입니다. 우리말의 21개 모음에 비해 많이 적습니다. 모음 수가 5개 밖에 없으면 다양하게 읽을 수 있는 단어들도 같은 모음을 사용할 수밖에 없습니다. 앞서 예를 들었던 'こうしょう[고쇼]'를 보더라도 이렇게 발음되는 단어는 교섭을 비롯하여 고증, 구승, 공증, 홍소, 공상, 고상, 행상 등 많습니다. 우리말로 발음하면 발음이 모두 다른데 일본어에서는 똑같이 'こうしょう[고쇼]'입니다. 일본어는 기본적으로 모음 수가 적고, 한자어 발음이 중국어에서 유래하여 오음

(呉音), 당음(唐音), 한음(漢音) 등 서로 다른 방식으로 중국어 발음에서 따올 경우 그 발음과 유사하게 읽으려 해도 5개의 모음 가지고는 한계가 있는 것입니다. 그렇기 때문에 일본에서는 한자를 계속 사용할 수밖에 없고 앞으로도 없어질 일은 없을 것 같습니다.

한때 일본에서도 한자를 사용하지 말자는 움직임이 있었습니다. 상용한자와 당용한자가 만들어지는 단계에서 논의가 있었습니다. 하지만 일본인이 제안을 한 것이 아니라 외국인이 제안을 했습니다. 외국인이 일본어를 구사하는 데 있어 한자는 어려운 부분이기 때문에 한자를 사용하지 말자고 제안했던 것인데, 만약 그 의견대로 일본어에서 한자를 사용하지 않았다면 문제가 발생했을 것입니다. 앞서 여러 차례 언급한 동음이의어, 띄어쓰기의 부재와 관련된 문제 때문에라도 한자는 계속 사용될 것입니다.

일본어 숫자 표기

일본에서는 숫자를 표기할 때 한자, 아라비아 숫자, 로마 숫자의 세 가지로 표기합니다.

첫째, 한자 표기에는 두 가지 형태가 있습니다.

1	2	3	4	5	6	7	8	9	10
一	二	三	四	五	六	七	八	九	十
壱	弐	参	肆	伍	陸	漆	捌	玖	拾

일본에서 사용하는 숫자는 1부터 10까지 한자로 이와 같이 표기할 수 있습니다. 현재 우리에게도 익숙한 一, 二, 三, 四, …의 숫자 표기가 가장 많이 사용되고 있지만, 대자(大字)로 표기하는 경우도 간혹 있습니다.[1] 예를 들어 영수증에 수기(手記)로 "금 일십만 원 정", "금 오천 원 정"과 같이 표기할 경우, 우리는 한글로 쓰는데 일본에서는 한자로 표기합니다. 이때 사용하는 한자가 바로 대자입니다. "금 일십만 엔"은 "金壱拾萬圓", "금 오천 엔"은 "金伍仟圓"과 같이 씁니다.

둘째, 아라비아 숫자는 우리나라에서도 많이 쓰고 일본도 똑같이 사용합니다. 그런데 아라비아 숫자로 쓸 때와 한자로 쓸 때의 쓰임이 다른 경우가 있습니다. 아라비아 숫자는 셀 수 있는 숫자,

---

1 　일본에서 한자로 숫자를 표기하는 방식에는 一, 二, 三의 소자(小字)와 壱, 弐, 参의 대자(大字)가 있습니다.

수량, 순서를 나타낼 때 주로 사용합니다. 1회, 2회, 3회, 한 개, 두 개, 세 개를 말할 때 아라비아 숫자를 씁니다. 한자는 어구의 구성 요소일 경우, 관용구·속담·숙어일 경우 사용합니다.

예를 들어, 'いちばん[이치반]'이라는 말이 있는데 표기 방식은 두 가지입니다. 아라비아 숫자로 1番이라고 쓰거나 한자로 一番이라고 씁니다. 그런데 이 숫자 표기에 따라서 의미가 달라집니다. 아라비아 숫자로 쓰면 1번, 2번, 3번, 4번과 같이 셀 수 있는 숫자의 순서를 가리키기 때문에 '1번'이라는 뜻입니다. 한자로 쓰면 어구의 구성 요소이기 때문에 '가장', '제일'이라고 하는 뜻입니다. 즉, 아라비아 숫자로 쓰느냐 한자 숫자로 쓰느냐에 따라서 의미가 달라집니다.

또 다른 예를 들어보겠습니다. 'いちど[이치도]'라는 말이 있는데 이 역시 표기 방식이 두 가지입니다. 아라비아 숫자로 1度라고 쓰면 횟수를 가리키기 때문에 '한 번', '1회'를 뜻합니다. 한자로 一度라고 쓰면 어구의 구성 요소 또는 관용구·속담·숙어일 경우이기 때문에 시도와 기회를 뜻하는 '한 번'입니다. 예문으로 "한 번 해봐", "나에게 이런 기회가 한 번 있었으면 좋겠다."가 있습니다.

이렇게 일본어에서 숫자는 똑같이 발음하더라도 아라비아 숫자인지 한자 숫자인지 그 표기에 따라 의미가 달라집니다. 바꿔 말하면 의미에 따라서 숫자 표기 방식을 달리해야 하는 것이지요.

셋째, 로마 숫자는 우리와 유사하게 사용합니다. 장절(章節) 표시, 시계 글자판, 군주의 세대를 나타내는 '~세' 등 아라비아 숫자를 대신해서 사용합니다. 일본어와 우리말의 표기에서 로마 숫자의 쓰임에는 큰 차이가 없습니다.

일본어 한자 사용의 특징

첫 번째 특징은 독음 또는 의미 파악이 어렵다는 점입니다. 일본어의 한자는 글자마다 읽는 방식이 여러 개가 있습니다. 우리의 경우는 문장에서 한자가 등장하면 그것을 음으로 읽습니다. 물론 한자의 뜻, 훈이 있지만 훈으로는 읽지 않습니다. 그렇지만 일본에서는 음뿐만 아니라 훈으로 읽을 때도 있고, 훈과 음도 각각의 한자가 여러 개씩 가지고 있기 때문에 읽는 방식이 다양합니다.

'열 개(開)'를 사용한 동사 '開く'는 읽는 방식이 두 가지가 있습니다. 'ひらく [히라쿠]'라고 읽을 수 있고, 'あく [아쿠]'라고 읽을 수도 있습니다. 'ひらく [히라쿠]'라고 읽으면 ①열리다, ②벌어지다, ③개최하다의 뜻이 있습니다. 'あく [아쿠]'라고 읽으면 ①열리다, ②시작하다의 뜻입니다. 이러한 경우에는 이렇게 한자가 주어지면 문맥을 먼저 파악해야 합니다. 문맥이 없다면 한자만 주어졌을 때 사람에 따라서 다르게 읽을 수가 있습니다. 따라서 문맥을 파악해야 됩니다.

두 번째 특징은 같은 음이라도 한자에 따라 의미가 달라진다는 점입니다. 'あく [아쿠]'는 '빌 공(空)'을 사용해서 '空く'로 표기할 수 있습니다. '空く [아쿠]'는 ①비다, ②결원이 생기다의 뜻입니다. 일본에서 'あく [아쿠]'를 한자로 쓰라고 하면 '開く', 또는 '空く'라고 쓸 수 있습니다.

일본어 한자 사용의 특징은 음이 같더라도 다른 한자가 쓰일 수 있고, 다른 한자가 쓰이니까 당연히 의미도 달라진다는 점입니다. 이와 같이 같은 음이라도 한자에 따라 의미가 달라진다고 하는 것의 사례로 'あく [아쿠]'를 살펴보았는데, 이것이 일본어에서 장점이 될 수도 있고 단점이 될 수도 있습니다.

車をとめる[구루마오 도메루]		あげる[아게루]	
✓ 車を止める	차를 세우다	✓ 上げる	올리다
✓ 車を停める	정차하다	✓ 挙げる	손을 들다
✓ 車を駐める	주차하다	✓ 揚げる	기름에 튀기다

첫 번째 사례는 'くるまをとめる[구루마오 도메루]'입니다. 히라가나로 쓰여 있는데 이를 한자로 쓰면 세 가지 형태가 나옵니다. '그칠 지(止)'를 사용하면 '차를 세우다'는 뜻입니다. '머무를 정(停)'을 사용하면 '정차하다', '머무를 주(駐)'를 사용하면 '주차하다'입니다. 똑같이 'くるまをとめる[구루마오 도메루]'라고 읽고, 어떤 한자를 사용하느냐에 따라 의미의 차이가 나타납니다.

두 번째 사례는 'あげる[아게루]'입니다. 이것도 한자로 쓰면 세 가지 형태가 나옵니다. '위 상(上)'을 사용하면 '(위로) 올리다'는 뜻입니다. '들 거(挙)'를 사용하면 '(손을) 들다', '날릴 양(揚)'을 사용하면 일본에서는 '(기름에) 튀기다'는 뜻입니다. 똑같이 'あげる[아게루]'라고 발음하지만 한자에 따라서 의미가 달라집니다.

한자는 표의 문자입니다. 한자 한 글자를 보고 이게 무슨 뜻인지 음과 상관없이 한자만 가지고도 의미가 바로 들어옵니다. 그래서 한자를 사용하는 것만으로도 의미 차이가 확실해집니다. 이것이 일본어 한자 사용의 특징이라고 볼 수가 있겠습니다.

はかる[하카루]	
✓ 図る	의도하다, 도모하다
✓ 測る	<측정, 측량, 추측> 거리, 신장, 체온, 면적, 속도, 재능 등
✓ 計る	<계산, 계획> 장래, 시간, 타이밍 등
✓ 量る	<계량, 추량> 체중, 용적 등

　마지막으로 한 가지 사례를 더 보도록 하겠습니다. 'はかる[하카루]'는 여러 한자를 사용할 수 있습니다. '그림 도(図)'를 사용하면 '의도하다', '도모하다'라는 뜻입니다. 이건 일본 신자체로 쓰여 있습니다. '잴 측(測)'은 거리, 신장, 체온, 면적, 속도, 재능 등을 측정, 측량, 추측할 때 사용합니다. '셈할 계(計)'는 장래, 시간, 타이밍 등을 계산 또는 계획할 때 사용하고, '헤아릴 량(量)'은 체중, 용적 등을 계량 또는 추량할 때 사용합니다. 똑같이 'はかる[하카루]'라고 발음하지만 의미에 따라서 한자가 다르게 사용된다는 것이 큰 특징이라고 할 수가 있겠습니다.

　앞에서도 말했지만, 일본에서 지금도 한자가 많이 사용되고 앞으로도 계속 사용될 수밖에 없는 이유는 가시적(可視的)인 관점에서, 그리고 띄어쓰기가 없는 상황에서 문장의 의미를 명확하게 구분 지어줄 수 있다는 장점이 있기 때문입니다. 그리고 모음 수가 적은 이유로 동음이의어가 다수 발생하는 일본어의 특성을 보완하는 역할을 해주는 장점도 지니고 있습니다.

일본의 한자 사용의 현주소
―「사회에 있어서 한자의 현재지」

일본에서 중요한 위치를 차지하는 한자가 과연 현재 일본인들에게 어떻게 교육되고 있는지, 그리고 교육을 받고 있는 입장에서 한자의 사용에 대하여 어떻게 생각하고 있는지를 일본에서 발표된 자료를 통해 살펴보겠습니다.

레이와 4년도 국어문제연구협의회 「사회에 있어서 한자의 현재지」 보고② 한자 학습의 현상과 미래

令和4年度国語問題研究協議会 「社会における漢字の現在地」
取組報告② 漢字学習の現状とこれから

와카야마현 교육청 학교교육국 현립학교 교육과
지도주사 이시모토 지카

和歌山県教育庁学校教育局 県立学校教育課
指導主事 石本千夏

2023년에 국어문제연구협의회에서 「사회에 있어서 한자의 현재지」라는 연구 결과를 발표하였습니다.[2] 그 중에서 '한자 학습의 현상과 미래'라는 제목에 해당되는 부분을 정리하면 다음과 같습니다.

현재는 스마트폰, 태블릿, PC 등을 많이 사용하여 손으로 한자를 쓸 일이 점점 사라지고 있습니다. 한자를 외우지 않아도 바로 변환할 수 있는 현실을 살아가는 고등학생들이 한자 학습에 대해서 어떤 생각을 가지고 있는지 설문조사를 했습니다.

---

2 https://www.bunka.go.jp/seisaku/kokugo_nihongo/kokugo_shisaku/kyogikai/pdf/93754901_01.pdf

스마트폰이나 태블릿, PC 등을 사용할 기회가 늘어남에 따라
생활이나 학습 상황에서 한자를 접하는 방식에 변화가 있음을 느끼고 있는가?
(복수응답 가능)

✓ 한자를 손으로 쓸 기회가 줄면서 한자를 외우지 않게 되었고
  그에 따라 한자를 쓰지 않게 되었다. 38

✓ 스탬프나 이모티콘 등 문자를 대신할 것이나 줄임말 등을 사용하게 되어
  한자나 숙어를 사용하지 않게 되었다. 19

✓ 동영상이나 사진으로 정보를 전달할 수 있기 때문에 한자 사용의 필요성을 못
  느낀다. 6

✓ 한자를 손으로 쓸 기회는 줄었지만 SNS 등에서 문자를 보낼 일은 늘었기 때문에
  디지털 상에서는 한자를 쓸 기회가 늘었다. 38

✓ 한자를 바로 찾아볼 수 있기 때문에 수기로도 한자를 쓸 일이 많아졌다. 24

✓ 보통 히라가나로 쓸 말도 한자로 변환해서 쓰는 일이 많아졌다. 17

✓ 기타 6

복수 응답이 가능한 설문조사에서 위의 3개 항목이 한자 학습
에 대한 부정적인 대답인데, '한자를 손으로 쓸 기회가 줄면서 한
자를 외우지 않게 되었고 그에 따라 한자를 쓰지 않게 되었다'가
가장 많은 선택을 받았습니다. 이는 가장 일반적인 현상입니다.
한자를 쓸 일이 없어진 것입니다. 그 다음은 '스탬프나 이모티콘
등 문자를 대신할 것이나 줄임말 등을 사용하게 되어 한자나 숙어
를 사용하지 않게 되었다'인데, 한자나 숙어를 몰라도 우리가 의

사소통하는 데 큰 어려움은 없을 것입니다. 가장 적게 선택받았지만, '동영상이나 사진으로 정보를 전달할 수 있기 때문에 한자 사용의 필요성을 못 느낀다'는 답을 선택한 학생도 있었습니다. 실제 요즘 긴 문장을 쓰는 것에 거부감을 느끼는 학생도 있습니다. 짧은 메시지를 보낸다거나 영상이나 사진을 바로 전송하기 때문에 문장으로 길게 쓸 일이 줄어든 것입니다. 특히 일본에서는 한자를 사용하지 않아도 되어 그 필요성을 못 느끼는 상황이 된 것입니다.

그런 가운데 한자 사용에 대해서 긍정적인 대답을 한 학생도 있었습니다. '한자를 손으로 쓸 기회는 줄었지만 SNS 등에서 문자를 보낼 일은 늘었기 때문에 디지털 상에서는 한자를 쓸 기회가 오히려 늘었다'를 선택한 학생들이 많았고, '한자를 바로 찾아볼 수 있기 때문에 수기로도 한자를 쓸 일이 많아졌다'는 경우가 많이 선택되었습니다. 손으로 글을 쓸 때 한자를 모르면 히라가나로 쓸 수밖에 없습니다. 그런데 스마트폰으로 바로 찾아볼 수 있으니까 오히려 한자를 쓸 일이 많아졌다고 대답한 것입니다. 그리고 '보통 히라가나로 쓸 말도 한자로 변환해서 쓰는 일이 많아졌다' 도 역시 스마트폰을 비롯한 기기로 바로바로 찾아볼 수 있기 때문에 한자를 사용할 일이 오히려 많아졌다고 대답한 것입니다.

디지털화가 진행 중인 현대 사회에서 한자 학습이 필요한가?	
필요	✓ 한자를 쓸 필요가 없더라도 읽을 기회는 많기 때문에. ✓ 한자를 모르면 정확한 변환이 어려워서. ✓ 디지털화가 진행되더라도 손으로 쓸 일은 남아 있어서. ✓ 언제 필요할지 모르니 바로 쓸 수 있도록 해 두는 것이 좋다. ✓ 매번 찾아보는 것은 현실적이지 못하다. ✓ 디지털화에도 한계가 있다. ✓ 디지털화가 진행되더라도 화면에 표시된 글자의 의미를 이해하기 위해서. ✓ 동음이의어 등이 있기 때문에 (한자가 아니면) 의미 전달이 어렵다. ✓ 한자가 편하다. 생략할 수 있다. ✓ 히라가나보다 문장을 읽기 편하다. 문장이 단축되어 보기 편하다. ✓ 문장을 쓸 때 한자를 쓸 줄 아는 것이 좋은 인상을 주니까. ✓ 한자만으로 표현할 수 있는 것이 있어서. ✓ 한자를 쓰지 못하면 부끄럽다. ✓ 한자는 일본의 자랑. 일본의 문화. ✓ 불필요하다고 생각해도 배워 두면 언젠가 도움이 될 거라고 생각해서.

와카야마 현의 고등학생들이 디지털화가 진행 중인 현대 사회에서 한자 학습이 필요한가?라는 질문에 대하여 필요하다고 답한 이유를 정리해 보았습니다.

한자를 쓸 필요가 없더라도 읽을 기회는 많기 때문에 한자 학습이 필요합니다. 현재 우리나라의 신문 매체에서 한자를 사용하는 경우는 상당히 제한적입니다. 나라 이름을 표기할 때나 유명인사 등의 경우를 제외하고는 거의 한자가 쓰이지 않습니다. 하지만 일본은 한자를 지금도 많이 사용하고 있습니다. 내가 쓰지 않더라도 한자를 읽어야 할 일이 많기 때문에 공부를 해야 됩니다. 그리고 일본어는 PC로 입력한다고 하더라도 동음이의어가 많다고 했습니다. 어떤 한자를 사용할지 선택해야 하는데 한자를 모르면 정확한 변환이 어려워서 공부를 해야 합니다. 또한 디지털화가 진행되더라도 손으로 쓸 일은 남아 있습니다. 일본은 아날로그 사회입니다. 그렇기 때문에 관공서에 가서 서류를 쓸 때는 아직까지 손으로 직접 써야 합니다. 한자를 알아야 하고 언제 필요할지 모르니 바로 쓸 수 있도록 해두는 것이 좋습니다. 이런 상황에서 한자를 쓸 때 매번 찾아보는 것은 현실적이지 못합니다. 또한 디지털화에도 한계가 있으며, 디지털화가 진행되더라도 화면에 표시된 글자의 의미를 이해하기 위해서 한자는 공부해야 합니다. 디지털화가 아무리 가속화된다고 하더라도 한자를 읽을 기회가 많기 때문에 이런 대답이 나온 것입니다.

동음이의어 등이 있기 때문에 한자가 아니면 의미 전달이 어렵다, 한자가 편하다, 생략할 수 있다, 히라가나보다 문장을 읽기 편하다, 문장이 단축되어 보기 편하다와 같은 답변은 앞서 말했던 일본어에서 한자가 계속 사용될 수밖에 없는 이유와 통합니다. 동음이의어가 많기 때문에 의미 전달이 어려운 부분은 한자를 사용하면 해결할 수 있으며, 히라가나로 쓰여 있을 때에는 의미를 파악하기가 어렵지만 한자가 중간 중간에 들어가서 문장 의미가 한눈에 들어오게 됩니다. 그래서 보기 편하다고 하는 것입니다.

문장을 쓸 때 한자를 쓸 줄 아는 것이 좋은 인상을 주고, 한자만으로 표현할 수 있는 것이 있고, 한자를 쓰지 못하면 부끄럽고, 한자는 일본의 자랑, 일본의 문화이고, 불필요하다고 생각해도 배워두면 언젠가 도움이 될 거라고 생각하는 등 여러 가지 이유 때문에 디지털화가 진행 중이라고 하더라도 현대사회에서 한자 학습은 필요하다고 와카야마 현의 고등학생들은 생각하고 있는 것입니다.

디지털화가 진행 중인 현대 사회에서 한자 학습이 필요한가?	
불필요	✓ 한자를 배우는 것이 좋다고는 생각하지만 최소한으로 충분하다. ✓ 배우고 싶은 사람이 배우면 된다. ✓ 사회에 나가면 PC로 변환하는 일이 대부분이고 한자를 쓸 일이 거의 없으니까. ✓ 한자의 의미는 이해하는 것이 좋겠지만 기계가 더 정확하니까. ✓ 기계가 알아서 한자로 변환시켜 주니까. ✓ 스마트폰으로 소통할 일이 많으니 기본적인 한자만 외워 두면 된다. ✓ 스마트폰이 있기 때문에 궁금할 때 찾아보면 되니까. ✓ 외우는 게 힘드니까.

반대로 한자 학습이 필요 없다고 대답한 학생들도 있습니다. 한자를 배우는 것이 좋다고 생각하지만 최소한으로 충분하며 배우고 싶은 사람이 배우면 된다는 것입니다. 일본에도 한자 검정 시험이 있습니다. 이 시험은 1급, 2급, 3급으로 급수가 나뉘어져 있는데, 해가 갈수록 시험을 치는 학생 수가 줄어들고 있다고 합니다. 한자를 많이 아는 것이 좋다고 하지만 반드시 그럴 필요가 있는가라는 물음에는 역시 의문이 남는 것입니다. 어차피 다 변환시키면 되고, 몰라도 찾아보면 되는데 그걸 굳이 외울 필요가 있느냐는 인식이 많이 퍼지고 있는 것입니다. 그래서 한자를 자기

생업으로 삼는 사람이나 한자를 많이 써야 되는 환경에 놓여 있는 사람들이 배우면 되는 것이라고 생각하는 것입니다.

한자와 관련해서 가장 일반적인 대답 중 하나가 사회에 나가면 PC로 변환하는 일이 대부분이고 한자를 쓸 일이 거의 없다는 대답입니다. 회사에서 문서 작성을 PC로 하니까 제대로 변환만 할 줄 알면 되지 그것을 외워서 쓸 필요는 없는 거 아니냐는 생각입니다. 이와 함께 한자의 의미는 이해하는 것이 좋겠지만 기계가 더 정확하다거나, 기계가 알아서 한자로 변환시켜 준다는 대답은 디지털화의 발달이 가속화되면서 나타난 생각들을 말해주고 있습니다. 그밖에 스마트폰으로 소통할 일이 많으니 기본적인 한자만 외워두면 된다, 스마트폰이 있기 때문에 궁금할 때 찾아보면 된다, 외우는 게 힘들다는 이유 때문에 한자를 학습할 필요가 없다고 대답을 하고 있습니다.

그런데 이것은 2023년의 조사 결과인데, 한자 사용과 관련된 문제는 이미 10년, 20년 전부터 일본에서 계속되어 왔던 문제입니다. 과거 일본의 휴대폰은 한자 변환이 잘 되도록 만들어졌습니다. 휴대폰에 마우스 휠처럼 생긴 것이 달려 있어 자신이 원하는 한자를 찾아서 클릭할 수 있었습니다. 이렇게 메시지를 작성하면 되니까 한자를 외울 필요가 없었고, 이렇게 필요성이 사라지면서 한자 학습 능력이 지속적으로 떨어지게 되었습니다. 그전까지는 한자를 공부해서 외워두지 않으면 일상생활 속에서 불편한 점이 있었지만, 지금은 손으로 문서를 작성하더라도 스마트폰으로 검색하면서 쓰면 되니까 한자를 외울 필요가 없어진 것입니다.

일본의 한자 사용의 현주소
―「사회에서의 한자의 역할과 한자 교육」

한자 교육과 관련된 논문을 하나 더 살펴보겠습니다. 「사회에서 한자의 역할과 한자 교육[3]」이라고 하는 연구 결과이며, 일본의 디지털화와 관련된 한자 교육의 실태 부분의 요점을 정리해 보겠습니다.

3　https://www.bunka.go.jp/seisaku/kokugo_nihongo/kokugo_shisaku/ kyogikai/pdf/93754401_01.pdf

사회에서의 한자의 역할과 한자 교육
社会における漢字の役割と漢字教育

다나하시 쇼코 (나라 교육대학)
棚橋尚子 (奈良教育大学)

크게 두 가지 사안에 대해서 살펴볼 수 있는데, 첫째는 사회에서의 한자의 역할입니다. 한자는 일본 사회의 정보 공유나 정보 전달의 수단이며, 개인의 인식이나 사고의 기반이 된다고 합니다. 한자어가 전달하는 의미의 양이 상당히 많습니다. 한자가 없으면 전달이 어렵고 어떤 의미를 지칭하는지를 파악하기도 어려운 상황에서 한자를 사용함으로서 많은 정보가 전달될 수가 있습니다. 따라서 개인의 인식과 사고의 기반이 되는 것이 바로 한자라 할 수 있습니다. 한자가 오랫동안 일본인들의 생활과 문화 속에 녹아 있었기 때문에 이렇게 말할 수 있는 것입니다.

현재 한자는 손으로 쓴 한자보다 디지털 문자나 인쇄 문자가 훨씬 많아졌습니다. 인쇄 매체가 중심이 되고, 한자의 글자체도 다양해졌습니다. 일본의 가나(仮名)도 마찬가지지만 글자의 형태 수는 한자가 압도적으로 많습니다. 그렇기 때문에 한자를 정확하게 공부하지 않으면 한자를 이해하기 어려운 상황에 놓여 있다고 하는 것입니다.

첫 번째 사안을 정리하면 다음과 같습니다. 한자가 상당히 중요한 문자이고, 그런 문자가 현재는 수기보다는 디지털로 쓰인 문자인 인쇄 문자를 현대인들은 접하고 있다고 논문 필자는 말하고 있습니다.

둘째는 디지털화가 초래하는 한자 습득상의 문제점입니다. 먼저 한자와 접촉의 중요성, 이것은 일본에서는 더 말할 필요가 없겠습니다. 한자를 쓸 일도 많지만 한자를 읽을 일도 많습니다. 어쩌면 읽을 일이 더 많을 수도 있습니다. 어떤 매체를 보든지 간에 한자는 계속 등장하기 때문에 한자와 지속적인 접촉을 하는 것이 중요하고 필연적이라고 볼 수 있겠습니다. 나아가서 한자를 읽고 쓰는 장소의 설정, 그러니까 어떠한 상황에서든지 한자를 필연적으로 접하게 되는 상황이라는 것입니다.

디지털화에 따른 문제점으로 우선 교사의 판서량이 감소하고 있습니다. 이것은 일본의 교육 현장에서의 문제점이 될 수도 있는데, 교사의 판서량이 감소한다는 것은 다르게 말하면 교육 현장에서도 태블릿이나 PC가 활용되고 있어 칠판이나 화이트보드에 실제로 판서할 일이 줄어든 사실을 말합니다. 우리 나라의 대학 강의도 현재는 칠판이나 화이트보드를 이용하는 일이 많이 줄었습니다. 그러다 보니 교사조차도 한자를 쓸 일이 점점 없어졌고, 한자를 습득하는 데에 어려움이 있습니다. 교사도 한자를 변환하고 입력해서 인쇄된 한자를 보여주기 때문에 학습하는 학생들 입장에서도 그것을 당연하게 받아들이는 것입니다. 한자 획순이나 자세한 부분은 실제로 써보지 않으면 모르는 부분인데, 이미 인쇄되어 있는 한자를 보는 데 익숙해지면 인식조차 하지 못하게 됩니다.

다음으로 학습자의 시사량(視写量)이 감소하고 있습니다. '시사(視写)'란 쓰여져 있는 것을 눈으로 확인하고 옮겨 적은 것을 말하는데, 학생들이 이렇게 받아 적는 양이 감소하고 있는 것입니다. 요즘은 태블릿 PC에 필기를 하거나 아예 스마트폰 카메라로 찍습니다. 칠판이나 화이트보드를 사진으로 한 번 찍으면 계속 남으니까 잘못 필기할 우려가 없겠지만, 한자 등을 직접 써볼 기회가 사라진다는 점이 문제입니다. 학습자의 시사량이 감소한다는 것은 이런 사례를 말하는 것입니다.

마지막으로 사고 표현이 입력 작업으로 대체됩니다. 문장을 쓸 때 어떤 한자를 사용하면 될지 머릿속에서 생각하고, 기억해 둔 한자 중 가장 적절한 것을 적어야 합니다. 이러한 사고의 표현이 현재는 입력 작업으로 대체됩니다. 키보드를 입력할 때 하고 싶은 말을 히라가나로 친 다음에 스페이스바를 누르면 한자가 뜹니다.

그중 적절한 한자를 선택하면 됩니다. 물론 한자를 알아야 선택할 수 있지만, 머릿속에서 생각한 후에 적절한 한자를 직접 쓰는 것과는 다릅니다.

이상, 두 가지 연구 결과를 바탕으로 디지털화와 한자 학습에 관하여 살펴봤습니다. 현재 일본에는 한자의 중요성을 강조함과 동시에 디지털화가 초래하는 문제점들이 상당히 심각하다고 사회적으로 인식되고 있습니다. 젊은 세대로 갈수록 디지털화에 익숙해져서 한자 교육이 원활하게 이루어지지 못하고 있다는 문제점이 일본에서는 사회적인 문제로 대두되고 있습니다. 물론 일본에서는 한자 교육을 늘리려고 일본의 문부성이나 문화청에서 지속적으로 노력하고 있다고 합니다. 앞으로 상황이 어떻게 바뀌어갈지 관심있게 지켜봐야 하겠습니다.

나가는 말

일본어를 표기하는 데는 표의 문자인 한자, 음절 문자인 히라가나와 가타카나, 음소 문자인 로마자, 그리고 아라비아 숫자까지 여러 종류의 문자를 섞어서 사용하고 있습니다. 일본어는 학습자 입장에서는 매우 복잡한 문자 체계가 아닐 수 없습니다. 이 책에서는 한자와 일본어의 관계, 한자의 역사적 전개를 살핌으로써 일본어에서의 한자의 위상과 중요성을 확인해 보았습니다.

물론 일본어에서의 한자 위상이 항상 굳건했던 것은 아닙니다. 역사적으로 수차례 한자를 폐지해야 한다는 주장이 나왔습니다. 한자를 대신하여 가나 문자만으로 표기하거나 로마자 표기, 혹은 그 밖의 새로운 표기법을 고안하자는 식이었습니다. 한자 폐지까지는 가지 않았지만, 상용한자 도입을 통한 사용 한자의 제한, 한자 간략화 등은 모두 그 과정에서 시행된 것들입니다. 오랜 세월 일본 문자 표기의 토대를 제공했던 한자 폐지의 현실적인 어려움을 차치하고서라도, 일본에서 여전히 한자를 사용하는 이유 중 하나는 한자가 일본에 전래된 이후 긴 시간을 거치는 동안 외래어 이상의 의미를 갖게 되었기 때문입니다. '介錯[가이샤쿠]'(할복할 때 고통을 덜어주기 위해 뒤에서 목을 쳐주는 일, 혹은 그 사람)나 '芸者[게이샤]'(일본의 기생) 등은 한자의 종주국인 중국에는 없는, 일본 특유의 개념을 위해 만들어진 어휘입니다. 또한 메이지 시대 서양 문물과 새로운 개념을 위해 고안된 과학(科學), 우편(郵便) 등 일본에서 만들어진 조어들까지 한자는 오랜 기간 동안 일본 문화의 다양한 측면과 결합되어 뿌리내려왔습니다.

결국, 일본어와 한자를 공부한다는 것은 단순히 언어 학습의 범위를 넘어서 일본의 문화적 맥락과 그들이 세계를 어떻게 바라보는지에 대해 깊이 있는 이해를 가능하게 만들 것입니다.

참고문헌

단행본

金田一春彦(1988)『日本語』上・下、岩波書店

子安宣邦(2003)『漢字論』、岩波書店

今野真二(2015)『常用漢字の歴史』、中公新書

_____(2017)『漢字とカタカナとひらがな』、平凡社

笹原宏之(2006)『日本の漢字』、岩波書店

_____(2017)『謎の漢字』、中公新書

_____(2017)『「国字」字典』、世界文化社

飛田良文(2017)『国字の字典』、東京堂出版

_____(2002)『明治生まれの日本語』、淡交社

山田勝美(1987)『異体字解読字典』、柏書房

자료

『한자정리안(漢字整理案)』 일본 국립국회도서관(청구기호 331-144)

『마쿠라노소시(枕草子)』 일본 국립국회도서관(本別14-17)

洪晟準(2019)『曲亭馬琴の読本の研究』、若草書房

「에도시대의 법화경(江戸時代の法華経)」 Wiki Taro 개인소장본

「신요시와라 오나마즈유라이(しんよし原大なまづゆらひ)」 도쿄대학 총합도서관 이시모토
　　　컬렉션

石本千夏「取組報告② 漢字学習の現状とこれから」「社会における漢字の現在地」

https://www.bunka.go.jp/seisaku/kokugo_nihongo/kokugo_shisaku/kyogikai/pdf/93754901_01.pdf

常用漢字表（平成22年内閣告示第2号）

https://www.bunka.go.jp/kokugo_nihongo/sisaku/joho/joho/kijun/naikaku/pdf/joyokanjihyo_20101130.pdf

棚橋尚子「社会における漢字の役割と漢字教育」

chrome-extension://efaidnbmnnnibpcajpcglclefindmkaj/https://www.bunka.go.jp/seisaku/kokugo_nihongo/kokugo_shisaku/kyogikai/pdf/93754401_01.pdf

Top 40 most spoken languages in the world 2022

https://www.edudwar.com/list-of-most-spoken-languages-in-the-world/

홍성준 洪晟準, HONG Sung-Joon

단국대학교 일본연구소 HK교수. 동 연구소 운영위원 및 편집위원.
단국대학교 일어일문학과를 졸업하고, 동 대학원 일어일문학과 석사과정 졸업(문학석사).
2008년도 일본문부과학성 국비외국인유학생(연구유학생) 선발.
도쿄대학 대학원 인문사회계연구과 석사 및 박사과정 수료(문학석사, 문학박사).
현재, 동아시아일본학회 운영위원장, 일본어문학회 학술이사, 한국일본어문학회 분과이사 및 편집위원, 한국일어일문학회 분과이사 및 편집위원, 한국일본문화학회 일반이사, 일본 絵入本学会 운영위원으로 활동하고 있다.
일본 근세문학을 전공했으며, 전문분야는 일본문학·일본문화·일본사상이다. 동아시아학으로서의 일본학 전반에 많은 관심을 가지고 연구 영역을 확장시키고 있으며, 교육과 연구의 연계 방안을 모색하여 미래 대학 교육을 긍정적으로 변화시키는 데 기여하고자 노력하고 있다.
연구업적으로는 단독저서로 『曲亭馬琴の読本の研究』(若草書房, 2019)가 있으며, 그밖에 다수의 저역서와 논문이 있다.

최승은 崔升銀, CHOI Seung-Eun

경성대학교 한국한자연구소 HK교수. 동 연구소 부소장.
단국대학교에서 문학박사학위를 받았으며 단국대학교 일본연구소 HK연구교수를 거쳐 현재 경성대학교 한자연구소 한자문명연구사업단에서 HK교수로 재직하고 있다.
일본 근세 후기부터 근대 초기의 초등교육, 특히 문자 학습에 관심을 가지고 연구 논문 업적을 축적하는 중이다. 동시에 동아시아 한자문화권 어휘 비교 연구에도 관심을 가지고 있다. 관련한 저서(공저)로는 『십이지 동물, 어휘 속에 담긴 역사와 문화』(따비, 2023) 『꽃과 나무, 어휘 속에 담긴 역사와 문화』(따비, 2024) 등이 있다.

경성대학교 한국한자연구소 한자학 교양총서 08

일본의 문자 세계

초판1쇄 인쇄 2024년 4월 15일
초판1쇄 발행 2024년 4월 26일

지은이   홍성준 최승은
펴낸이   이대현
편집   이태곤 권분옥 임애정 강윤경
디자인   안혜진 최선주 이경진
마케팅   박태훈 한주영

펴낸곳   도서출판 역락
출판등록   1999년 4월 19일 제303-2002-000014호
주소   서울시 서초구 동광로 46길 6-6 문창빌딩 2층 (우06589)
전화   02-3409-2060
팩스   02-3409-2059
홈페이지   www.youkrackbooks.com
이메일   youkrack@hanmail.net

ISBN   979-11-6742-721-2 04730
            979-11-6742-569-0 04080(세트)